Mehr Demokratie in der Wirtschaft

DIE ENTSTEHUNGSGESCHICHTE DES MITBESTIMMUNGSGESETZES VON 1976

Von Karl Lauschke

HANS-BÖCKLER-STIFTUNG

DANK

Für ihre Unterstützung bei Material- und Fotorecherchen danken wir dem Archiv der sozialen Demokratie der Friedrich-Ebert-Stiftung in Bonn, der Konrad Adenauer Stiftung, der Stiftung Bibliothek des Ruhrgebietes, dem Arbeiterjugendarchiv Oer-Erkenschwick und dem Rheinischen Industriemuseum.

IMPRESSUM

© Copyright 2006 by Hans-Böckler-Stiftung
Hans-Böckler-Straße 39, 40476 Düsseldorf

Verantwortlich: Wolfgang Jäger

Redaktion: Cornelia Girndt

Buchgestaltung: Signum communication, Mannheim
Layout: Christina Kemper, Torsten Walker

Produktion: Der Setzkasten GmbH, Düsseldorf
Printed in Germany 2006
ISBN 3-86593-042-5
Bestellnummer: 30290
€ 19,90

BILDNACHWEISE
Titel – Gernot Huber: Kundgebung für Mitbestimmung am 8.11.1975 in Dortmund
Innen – Associated Press: 18, 64, 55, 92; Hans-Helmut Bauer: 33; Bild am Sonntag: 40; Bundespresseamt: 50, 53, 68, 90, 90/91, 91; Henning Christoph: 89; d-e-w-fow: 70; DGB: 6; DGB-Archiv im AdsD: 44; dpa: 16, 30, 32, 60 (l.), 75, 81; fpa: 60 (r.); Hans-Böckler-Stiftung: 2; Udo Hoffmann: 83; J. H. Darchinger: 46, 66, 82; KAS: 29, 68/69; Brigitte Kleinhaus: 69; LVR/Rheinisches Industriemuseum/Archiv St.-Antony-Hütte: 14 (r.); Pressebild Bohm: 58; Klaus Rose: 78, 85; Spiegel: 39; Peter Strack: 88; Sven Simon: 56, 61; Ullstein Bilderdienst: 12, 14 (l.), 17, 20, 23, 24, 24/25, 26, 34, 35, 36, 43, 47, 49, 59, 72, 74, 86; Manfred Volmer: 77.

BEZUGSQUELLE
Setzkasten GmbH
Fax: 02 11- 408 009 040
E-Mail: mail@setzkasten.de

INHALT

Liebe Leserinnen und Leser, liebe Kolleginnen und Kollegen,

nach zwei Jahrzehnten Burgfrieden debattieren wir heute wieder intensiv um die Mitbestimmung der Arbeitnehmer in den Aufsichtsräten. Aber ist uns das so unbekannt? Umso mehr wir uns hineinversetzen in jene Zeit der 60er und 70er Jahre und in den zähen Kampf der deutschen Gewerkschaften für ein Mitbestimmungsgesetz, desto deutlicher wird: Jede Generation muss neu um die Mitbestimmung der Arbeitnehmer in den Aufsichtsräten kämpfen – und ihr eine zeitgemäße Form geben. Heute, 30 Jahre nach Verabschiedung des Mitbestimmungsgesetzes von 1976, ist es unsere Aufgabe, die Unternehmensmitbestimmung in der Europäischen Union und einer globalen Wirtschaft fest zu verankern.

So manche von der Arbeitgeberseite wollen die Rolle rückwärts machen – zurück zur Drittelbeteiligung als Norm, zurück zum Status vor 1976. Das wird nicht passieren. Das sind wir auch jenen schuldig, die viele Jahre für die Mitbestimmung über den Montanbereich hinaus gestritten haben – ich nenne hier nur die DGB-Vorsitzenden Ludwig Rosenberg und Heinz-Oskar Vetter oder Otto Brenner, den Chef der IG Metall, und Heinz Kluncker von der ÖTV, natürlich auch Wilhelm Gefeller von der IG CPK und Hermann Rappe, der sich damals als junger Abgeordneter im Bundestag an vorderster Front für den bestmöglichen Kompromiss einsetzte. Ganz vorne agierte Walter Arendt, der ehemalige IG-Bergbau-Vorsitzende, der in den 70er Jahren als Bundesarbeitsminister – in einer in Wirtschaftsfragen fragilen Koalition mit der FDP – sein Möglichstes tat.

Nicht zufällig war 1968 das Jahr, in dem die Mitbestimmungs-Offensive der Gewerkschaften ihren ersten Höhepunkt erreichte. Und doch klammerte die erste sozialliberale Koalition – die ein Jahr später an die Regierung kam – dieses „heiße Eisen" aus. Erst 1972, nach dem überwältigenden Wahlsieg Willy Brandts, drängte der DGB vehement darauf, endlich Fakten zu schaffen.

Es wurde heftig und auf hohem Niveau debattiert – in den Gremien, Medien und im Bundestag – nachzulesen in diesem Buch. Wer sich hinein begibt in die Entstehungsgeschichte des Mitbestimmungsgesetzes, wie sie Karl Lauschke nachzeichnet und wie sie im Dokumentenband lebendig wird, wird mit einem spannenden Stück Zeitgeschichte belohnt.

Wir erfahren zum Beispiel, dass seinerzeit vor allem wegen der Mitbestimmungsfrage zwischen SPD und DGB neue Foren eingerichtet wurden, wie die Arbeitsgemeinschaft für Arbeitnehmerfragen (AfA) und der Gewerkschaftsrat. Oder dass die erste Mitbestimmungskommission unter Leitung von Prof. Kurt Biedenkopf ihren Regierungsauftrag überschritt, indem sie sehr konkrete Empfehlungen gab.

Und was nicht alles hat die Bundesvereinigung der Arbeitgeberverbände aufgeboten, um zu verhindern, dass Arbeitnehmervertreter auch in den Führungsgremien der Unternehmen auf Augenhöhe ein gewichtiges Wort mitsprechen können? Nicht im Mindesten hat die Arbeitgeber das erweiterte Betriebsverfassungsgesetz so bewegt wie die Aufsichtsratsmitbestimmung. Sie trifft den Nerv der Unternehmer weit mehr, weil sie Eingriffe in ihre Eigentümer-Vorrechte fürchten.

> **»Jede Generation muss neu um die Mitbestimmung der Arbeitnehmer in den Aufsichtsräten kämpfen – so wie es unsere Aufgabe ist, sie in der Europäischen Union zu verankern.«**

Auf der Höhe der Arbeitgeberkampagne gegen ein Mitbestimmungsgesetz im Mai 1974 fand der DGB-Vorsitzende Heinz-Oskar Vetter deutliche Worte: „Jawohl, die Mitbestimmung ist eine Machtfrage. Aber es geht nicht um den Aufbau irgendeiner Gewerkschaftsmacht. Sondern es geht um die Überwindung der ausschließlichen Unternehmermacht. Denn von sich aus räumen die Unternehmer keine Handbreit ihrer Macht. Und freiwillig gewähren sie uns nichts – es sei denn, es nützt ihren eigenen Interessen."

Auch heute muss man hin und wieder daran erinnern, dass Mitbestimmung nicht vorrangig dazu da ist, den Unternehmern und Managern zu gefallen. Mitbestimmung ist ein Stück Demokratie, und daher ist sie ein politischer Akt – nicht zuletzt des Gesetzgebers.

Viele Argumente der 70er Jahre bewegen uns, als wären sie gestern gefallen. Viele Angriffe gegen die Mitbestimmung kommen uns allzu bekannt vor – und doch, es war eine andere Zeit. Auch das wird greifbar in diesen beiden Bänden, die im Auftrag der Hans-Böckler-Stiftung entstanden sind. Damals konnten sich die Arbeitgeberverbände dem Zeitgeist, der mehr Demokratie und mehr Gleichberechtigung verhieß, nicht entziehen. Auf der anderen Seite malten sie drohende Sozialisierungsszenarien an die Wand, um die Mitbestimmung möglichst klein zu halten.

»Viele Argumente der 70er Jahre bewegen uns, als wären sie gestern gefallen. Viele Angriffe gegen die Mitbestimmung kommen uns allzu bekannt vor – und doch, es war eine andere Zeit.«

Heute weht den Arbeitnehmern ein strammer Wind ins Gesicht. Der Druck der Finanzmärkte ist enorm gewachsen. Fixiert auf die Börsenkurse sind kurzfristige Gewinnerwartungen in vielen Unternehmen zum entscheidenden Maßstab geworden. Kapital ist weltweit mobil, Arbeit ist bodenständig. Arbeitsplätze werden in großem Stil gestrichen. Um möglichst freie Hand zu haben, wird die Mitbestimmung als Investitionshemmnis und Gefahr für die Innovationsfähigkeit der Unternehmen dargestellt, ja bisweilen verteufelt. Das hat mit der Sache nichts zu tun. Nichts damit, die deutsche Mitbestimmung in einer europäischen, ja globalen Wirtschaft zukunftsfest zu machen und weiterzuentwickeln.

Das Gesetz über die Mitbestimmung der Arbeitnehmer wurde am 18. März 1976 im Bundestag mit einer überwältigenden Mehrheit aller Parteien verabschiedet. 389 Abgeordnete stimmten dafür, es gab nur 22 Gegenstimmen. Und somit stehen SPD, FDP, CDU – und damit alle damals im Bundestag vertretenen Parteien – an der Wiege dieses Mitbestimmungsgesetzes. Auch daran erinnern wir 30 Jahre danach.

Wohl wahr: Die unterparitätische Mitbestimmung ist ein Kompro-miss, der damals den Gewerkschaften so wenig schmeckte wie den Arbeit-gebern, die im Nachgang vor das Bundesverfassungsgericht zogen, wo sie 1979 aber eine klare Absage erhielten. Das Gesetz über die Mitbestimmung der Arbeitnehmer von 1976 ist aber auf jeden Fall ein Kompromiss, mit dem die Bundesrepublik in den vergangenen 30 Jahren große wirtschaftli-che Erfolge erzielte, schwierige Umbrüche wie die Deutsche Einheit meis-terte und die Unternehmen erfolgreich für die Globalisierung fit machte.

Wir werden das Mitbestimmungsgesetz 1976 im Interesse der Arbeit-nehmerinnen und Arbeitnehmer weiterhin „illusionslos ausschöpfen" – das ist es, wozu Heinz-Oskar Vetter riet. Und wir werden den Auftrag wei-terführen, den uns sein Vorgänger Ludwig Rosenberg 1965 mitgab: „Eine wahre Demokratie kann sich nicht auf den politischen Sektor beschrän-ken", sagte der DGB-Vorsitzende. „Wenn es wahr ist, daß die Wirtschaft unser Schicksal ist, dann ist es notwendig, daß alle über dieses Schicksal mitbestimmen."

Daran werden wir weiter arbeiten.

Michael Sommer

Die Entstehungsgeschichte des Mitbestimmungsgesetzes von 1976

Den zum Streik entschlossenen Stahl- und Bergarbeitern gelingt es, die Montanmitbestimmung gesetzlich zu verankern: 18. Januar 1951 – Streikurabstimmung im Bergbau

DIE ANFÄNGE
Durchbruch in der Montanindustrie
1962: Der erste Anlauf zur Ausweitung der paritätischen Mitbestimmung

Die völlige Gleichberechtigung von Arbeit und Kapital war eine zentrale Forderung der Gewerkschaften zur Neuordnung von Wirtschaft und Gesellschaft nach 1945. Sie sollte nicht nur überbetrieblich in Form von paritätisch besetzten Wirtschaftskammern im Rahmen der wirtschaftlichen Selbstverwaltung umgesetzt werden, sondern auch durch die direkte Vertretung der Gewerkschaften in den Aufsichtsräten und Vorständen der großen, bestimmenden Unternehmen.[1] Im Zuge der von den Besatzungsmächten angeordneten Entflechtung wurde die paritätische Mitbestimmung ab Frühjahr 1947 zwar in den Unternehmen der Eisen- und Stahlindustrie eingeführt, allgemein konnte sie aber nicht durchgesetzt werden. Nur unter Aufbietung aller Kräfte, letztlich durch die Entschlossenheit der organisierten Berg- und Stahlarbeiter, ihre Arbeit niederzulegen, sollte ihre Forderung nicht erfüllt werden, gelang es den Gewerkschaften Anfang 1951, die paritätische Mitbestimmung zumindest in der Montanindustrie gesetzlich zu verankern.[2] Der Versuch, sie auf die anderen Wirtschaftszweige auszudehnen, scheiterte allerdings.[3]

Nach dem Montanmitbestimmungsgesetz vom Mai 1951 musste der Aufsichtsrat je zur Hälfte mit Vertretern der Anteilseigner und der Arbeitnehmer besetzt sein, wobei nach dem Gesetz von 1951 die im Unternehmen vertretenen Gewerkschaften nicht nur ein Vetorecht hinsichtlich der vom Betriebsrat vorgeschlagenen, unternehmensangehörigen Vertreter hatten, sondern selbst die Mehrzahl der Arbeitnehmervertreter in den Aufsichtsrat entsandten. Der neutrale Mann, der in möglichen Patt-Situationen den Ausschlag gab, konnte nur mit Zustimmung der Mehrheit beider Gruppen gewählt werden. Darüber hinaus gehörte dem Vorstand des Unternehmens als gleichberechtigtes Mitglied ein Arbeitsdirektor an, der nicht gegen die Stimmen der Mehrheit der Arbeitnehmervertreter bestellt oder abberufen werden konnte.

Für die Kapitalgesellschaften außerhalb der Montanindustrie und damit für die Mehrheit der Unternehmen galt das im Juli 1952 verabschiedete Betriebsverfassungsgesetz, das den Arbeitnehmern lediglich eine Drittelbeteiligung in den Aufsichtsräten zugestand. Einen sich auf das Vertrauen der Arbeitnehmervertreter stützenden Arbeitsdirektor im Vorstand sah dieses Gesetz überhaupt nicht vor.

Solange die Bundesrepublik christlich-liberal geführt wurde, bestand für die Gewerkschaften keine Aussicht, eine bessere Mitbestimmungsregelung zu erreichen. Im Gegenteil hatten sie alle Mühe, selbst die Montanmitbestimmung zu erhalten.[4] Bereits Anfang 1955 bezeich-

Montanmitbestimmungsgesetz und Drittelbeteiligungsmodell – siehe dazu die Grafiken auf Seite 106

Ein **Entsenderecht** der Gewerkschaften für ihre Sitze im Aufsichtsrat gibt es seit 1981 nicht mehr. Seit der „Lex Mannesmann" werden auch im Montanbereich die Gewerkschaftsvertreter von den Betriebsräten gewählt und schlagen diese der Hauptversammlung vor.

Der Generaldirektor der Gutehoffnungshütte Hermann Reusch bezeichnet 1955 die Mitbestimmung als „Ergebnis einer brutalen Erpressung". 800.000 Arbeiter gehen auf die Straße.

nete sie Hermann Reusch, der Generaldirektor der Gutehoffnungshütte in Oberhausen, als *„das Ergebnis einer brutalen Erpressung durch die Gewerkschaften"* und löste damit einen 24-stündigen Proteststreik aus, dem sich mehr als 800.000 Arbeiter an der Ruhr anschlossen.[5] Der offene Angriff auf die paritätische Mitbestimmung konnte auf diese Weise zwar abgewehrt werden, aber mit der Rekonzentration der Montankonzerne und der Angliederung von Verarbeitungs- und Handelsbe-

»Wir wollen eine Umgestaltung von Wirtschaft und Gesellschaft, die alle Bürger an der wirtschaftlichen und politischen Willensbildung gleichberechtigt teilnehmen lässt.«

DGB-Grundsatzprogramm von 1963

trieben drohte sie sukzessive ausgehöhlt zu werden. Außerdem waren die ergänzenden gesetzlichen und vertraglichen Regelungen, angefangen bei der Holding-Novelle vom August 1956, zumeist mit einzelnen Abstrichen verbunden, etwa hinsichtlich der Bestellung des Arbeitsdirektors oder der Übertragung grundsätzlicher Entscheidungsbefugnisse auf die Anteilseignerseite.

Erster Anlauf zur Ausweitung der paritätischen Mitbestimmung

Wie im Grundsatzprogramm vom November 1963 bekräftigt, hielt der DGB – gegen alle Widerstände – an seinem Ziel fest, die paritätische Mitbestimmung auf alle privaten, öffentlichen oder gemeinwirtschaftlichen Großunternehmen unabhängig von ihrer Rechtsform auszuweiten. Dies erst recht, nachdem er von seiner herkömmlichen Forderung nach Überführung der Schlüsselindustrien in Gemeineigentum programmatisch Abstand genommen hatte. Mit der Ausweitung der Mitbestimmung wollte er *„eine Umgestaltung von Wirtschaft und Gesellschaft einleiten, die darauf abzielt, alle Bürger an der wirtschaftlichen, kulturellen und politischen Willensbildung gleichberechtigt teilnehmen zu lassen"*.[6] Im Rahmen der Novellierung des Aktienrechts hatte der DGB ein Jahr zuvor sogar einen entsprechenden Gesetzentwurf vorgelegt; gestützt auf langjährige Forschungsergebnisse wissenschaftlicher Beraterkreise des Wirtschaftswissenschaftlichen Instituts des DGB (WWI) lag diesem Gesetzentwurf das Modell der Montanmitbestimmung zugrunde, das sich durchaus bewährt habe.[7]

In ihrer Stellungnahme zum Grundsatzprogramm des DGB wies die Bundesvereinigung der Deutschen Arbeitgeberverbände (BDA) die Mitbestimmungsforderung kategorisch zurück.[8] Sie befürchtete *„schwere Schäden für die Wirtschaft und damit für die Allgemeinheit"*, da die paritätische Mitbestimmung *„eine der unternehmerischen Aufgabe wesensfremde Parlamentarisierung und Bürokratisierung der Unternehmensleitung"* bedeute. Zudem würde sie *„zu einer Machtkonzentration in den Händen der Gewerkschaft führen, die weder für die Wirtschaft noch für*

Siehe Dokument „**Grundsatzprogramm des DGB von 1963**" im zweiten Band, Seite 6

> *»Die Mitbestimmung würde zu einer Machtkonzentration in den Händen der Gewerkschaft führen, die weder für die Wirtschaft noch für den Staat tragbar wäre.«*
>
> Bundesvereinigung der Arbeitgeberverbände

den Staat tragbar wäre". Eine Erweiterung der Mitbestimmung wäre nach Ansicht der BDA auf jeden Fall *„unvereinbar mit dem Wesen und den Grundlagen des in der Verfassung geschützten Eigentumsrechts"* und stünde *„im Widerspruch zu unserer freiheitlichen Wirtschafts- und Gesellschaftsordnung"*. Diese heftige Reaktion, die bereits die zentralen Kritikpunkte enthielt, die von Arbeitgeberseite in den folgenden Jahren immer wieder vorgebracht wurden, machte von vornherein deutlich, dass es sich bei der Auseinandersetzung um die Mitbestimmung um eine gesellschaftspolitische Grundsatzfrage allererster Ordnung handelte, die beträchtlichen Konfliktstoff in sich barg.

Die Aktienrechtsnovelle wurde im Mai 1965 einstimmig von allen im Bundestag vertretenen Parteien verabschiedet, ohne explizit das Mitbestimmungsrecht zu ändern, wobei die Rechte der Anteilseigner gegenüber mitbestimmten Unternehmensorganen sogar punktuell gestärkt wurden, wie der Arbeits- und Wirtschaftsrechtler Friedhelm Farthmann kritisch anmerkte.[9] Über die „ausgetretenen Pfade des hergebrachten Gesellschaftsrechts" ging sie, wie der DGB von Anfang an kritisierte, nicht hinaus, denn sie orientiere sich „einseitig an den Interessen der Aktionäre – der ‚Eigentümer' – und betrachte [...] die Interessen der Arbeitnehmer im Grunde als unternehmensfremde Interessen", anstatt Rechtsformen zu entwickeln, die „grundsätzlich interessenpluralistisch sind und alle im Unternehmen zusammentreffenden Interessen, insbesondere – neben denen der Anteilseigner – die der Arbeitnehmer und der Allgemeinheit, in eine rechtsstaatlichen Erfordernissen genügende Verfassung bringen".[10]

Ausschlaggebend dafür, dass die gewerkschaftlichen Forderungen überhaupt nicht berücksichtigt wurden, war der Koalitionsvertrag, in dem die CDU/CSU der FDP im Herbst 1961 zugesichert hatte, dem Bundestag innerhalb der laufenden Legislaturperiode keinen Gesetzentwurf zur Erweiterung der Mitbestimmung zur Beratung und Beschlussfassung vorzulegen. Die FDP war gestärkt aus der Bundestagswahl 1961 hervorgegangen. Sie hatte ihren Stimmenanteil von 7,7 auf 12,8 Prozent steigern kön-

FRIEDHELM FARTHMANN
GEB. AM 25. NOVEMBER 1930 IN BAD OEYNHAUSEN

Nach dem Jura-Studium und der Promotion in Göttingen trat Friedhelm Farthmann 1961 in die Dienste des DGB: zunächst als Referent für Arbeits- und Wirtschaftsrecht im Wirtschaftswissenschaftlichen Institut des DGB, von 1966 bis 1971 als Leiter der Abteilung Mitbestimmung bzw. Gesellschaftspolitik beim DGB-Bundesvorstand, und schließlich von 1971 bis 1975 als Geschäftsführer des Wirtschafts- und Sozialwissenschaftlichen Instituts des DGB. 1973 wurde er von der Freien Universität Berlin zum Honorarprofessor ernannt. Im Bundestag, dem er als Vertreter der SPD-Fraktion von 1971 bis 1975 angehörte, war er einer der engagiertesten Verfechter der paritätischen Mitbestimmung. 1975 wechselte er als Arbeitsminister in die nordrhein-westfälische Landesregierung – ein Amt, das er zehn Jahre innehatte. Von 1985 bis 1995 war Friedhelm Farthmann Fraktionsvorsitzender seiner Partei im Landtag.

Ja zu Demokratie, Marktwirtschaft und Mitbestimmung: DGB-Vorsitzender Ludwig Rosenberg eröffnet den Programm-Kongress 1963 in Düsseldorf.

nen, während die CDU/CSU ihre absolute Mehrheit verloren hatte und von 50,2 auf 45,3 Prozent zurückgegangen war. Darüber hinaus hatten die Führungsgremien der beiden großen Parteien, also sowohl der SPD als auch der CDU, den Gewerkschaften zugesagt, die Frage der Mitbestimmung auf jeden Fall nach der kommenden Wahl im September 1965 parlamentarisch zu behandeln, unabhängig davon, wie sie ausgehen würde.[11]

Die einen haben paritätische Mitbestimmung, die anderen nur Drittelbeteiligung in den Aufsichtsräten – IG-CPK-Vorsitzender Wilhelm Gefeller drängt auf mehr. Rechts sitzend neben Rosenberg begutachtet er im März 1965 in Oberursel mit seinen Kollegen das Aktionsprogramm des DGB. Von links: Otto Brenner, IG Metall; Alfred Schattanek, NGG; Heinz Kluncker, ÖTV; Walter Arendt, IG Bergbau

FÜR UND WIDER DIE MITBESTIMMUNG

Die Fronten formieren sich/Kampagne der Metallarbeitgeber/
DGB-Denkschrift: Mitbestimmung – eine Forderung unserer Zeit

Um sich für die zu erwartende, schwierige Auseinandersetzung zu rüsten, hatten beide Seiten schon vor der Bundestagswahl ihre Bemühungen verstärkt, in der Öffentlichkeit für ihre Position zu werben und ihre Bataillone zu sammeln. Auf Drängen vor allem der IG Chemie, Papier, Keramik (IG CPK) hatte der DGB Ende 1964 beschlossen, die Ausweitung der qualifizierten Mitbestimmung in den Mittelpunkt seiner Politik zu stellen. Die IG CPK, neben der IG Metall und der IG Bergbau die drittgrößte Einzelgewerkschaft im DGB, hatte bereits 1951 für die entflochtenen Werke des IG-Farben-Konzerns die paritätische Mitbestimmung gefordert, war aber damals zu ihrer großen Enttäuschung vom DGB aus taktischen Gründen nicht in den Konflikt einbezogen worden.[12] Mit dem im März 1965 verabschiedeten Aktionsprogramm trug der DGB nun diesem Anliegen Rechnung. Politisch-strategisch kam man überein, mit der Mitbestimmungsoffensive unmittelbar nach der Wahl zu beginnen und dem neuen Bundestag unverzüglich die gewerkschaftliche Forderung zu präsentieren.[13]

    Anfang Oktober 1965 setzte der DGB seine Absicht in die Tat um. Er richtete eine Kommission „Aktion Mitbestimmung" ein, und auf einer Kundgebung der IG CPK am 6. Oktober in Dortmund unterstrich der DGB-Vorsitzende Ludwig Rosenberg vor 3000 Gewerkschaftern und zahlreichen Gästen aus dem öffentlichen Leben noch einmal, dass *„eine wahre Demokratie [...] sich nicht auf den politischen Sektor beschränken (könne). Wenn es wahr sei, daß die Wirtschaft unser Schicksal ist, dann sei es notwendig, daß alle über dieses Schicksal mitbestimmten. Das bedeute jedoch keinesfalls, daß über alles und jedes eine Urabstimmung stattfinden soll. Vielmehr gehe es darum, daß die Arbeitnehmer durch ihre gewählten Vertreter über alle wichtigen Vorgänge unterrichtet werden und daß sie an den wesentlichen Entscheidungen mitbestimmend wirken können."*[14] Der arbeitgebernahe „Industriekurier" kommentierte die Forderungen der Gewerkschaften tags darauf mit der abwegigen Bemerkung: *„Die Demokratisierung der Wirtschaft ist so unsinnig wie eine Demokratisierung der Schulen, der Kasernen oder der Zuchthäuser."*[15]

    Wilhelm Gefeller, der Vorsitzende der IG CPK, verlangte auf derselben Kundgebung unmissverständlich, dass die Versprechungen der Parteien nun eingelöst werden, aber *„(n)icht mit Redensarten, Appellen oder unverbindlichen Zusagen, ‚die Materie prüfen zu wollen', sondern mit einer klaren Entscheidung, ob sie prinzipiell die Ausweitung der Mitbestimmung auf alle in Frage kommenden Industriezweige wollen oder ob sie sie ablehnen."*[16] Er stellte fest, *„daß die Mitbestimmung nicht ‚erpartnert'*

Der Industriekurier

war ein zwischen 1948 und 1970 in Düsseldorf erscheinendes Organ der westdeutschen Schwerindustrie, das anschließend im „Handelsblatt" aufging.

oder erstreikt, sondern nur durch den Gesetzgeber verwirklicht werden könne". Er war sich sicher, dieses Ziel auch tatsächlich zu erreichen, wenn man voraussetzt, *„daß die SPD – gestützt auf ihr ‚Godesberger Programm' – sich zum Anwalt dieser Gewerkschaftsforderung macht, und wenn der Arbeitnehmerflügel der CDU/CSU bei seiner wiederholt der Öffentlichkeit dargelegten Einstellung zur Mitbestimmung bleibt"*.

Kampagne der Metallarbeitgeber

Um Gegenmaßnahmen gegen den zu erwartenden Vorstoß der Gewerkschaften zu ergreifen, hatte die BDA ebenfalls Vorkehrungen getroffen. Im Oktober 1964 hatte die BDA unter Beteiligung von Spitzenvertretern des Bundesverbandes der Deutschen Industrie (BDI), des Deutschen Industrie- und Handelstages (DIHT), der Arbeitsgemeinschaft Selbständiger Unternehmer sowie des Bundes Katholischer Unternehmer einen „Arbeitskreis Mitbestimmung" unter der Leitung von Hanns-Martin Schleyer gebildet. Schleyer war Personalvorstand von Daimler-Benz und Vorsitzender des Verbandes der Württembergisch-Badischen Metallindustriellen.[17] Als Antwort auf die Kampagne des DGB legte dieser Arbeitskreis, der für sich in Anspruch nahm, *„weitestgehend repräsentativ für die gesamte Unternehmerschaft"* zu sein, noch im Oktober 1965 unter dem Titel „Wirtschaftliche Mitbestimmung und freiheitliche Gesellschaft" eine Dokumentation vor;[18] dieses Papier wurde in der Öffentlichkeit weit verbreitet

HANNS-MARTIN SCHLEYER
GEB. AM 1. MAI 1915 IN OFFENBURG, ERMORDET AM 18. OKTOBER 1977

Nach dem Studium der Rechts- und Staatswissenschaften und der Promotion zum Dr. jur. nahm Hanns-Martin Schleyer 1951 beim Stuttgarter Automobilkonzern Daimler-Benz eine Tätigkeit auf. 1963 wurde er Vorstandsmitglied, zuständig für die Personal-, Sozial- und Bildungspolitik des Unternehmens.
Daneben machte er eine Verbandskarriere – 1972 wurde er zum Vorsitzenden des Verbandes der Metallindustrie Baden-Württemberg gewählt und war zugleich stellvertretender Vorsitzender von „Gesamtmetall". Von Beginn an leitete er den „Arbeitskreis Mitbestimmung", der 1964 gegründet worden war, um die gewerkschaftlichen Forderungen zu bekämpfen. Der Arbeitskreis war das einzige Gremium, dem alle Unternehmerverbände angehörten.
1973 übernahm Schleyer das Amt des Präsidenten der Bundesvereinigung der Deutschen Arbeitgeberverbände (BDA), und 1976 wurde er zugleich Präsident des Bundesverbandes der Industrie (BDI). Als Exponent der deutschen Wirtschaft wurde er im September 1977 von der „Roten Armee Fraktion" entführt und nach dem Scheitern der Erpressung – im Gegenzug sollten RAF-Gefangene freigelassen werden – erschossen.

und erreichte bis 1968 eine Auflage von rund 100.000 Exemplaren.[19] Darin wurde die paritätische Mitbestimmung als *„ein Fremdkörper"* in der sozialen Marktwirtschaft bezeichnet, der nur so lange verkraftet werden könne, wie er auf die Montanindustrie begrenzt bleibe; weitere Bereiche der Wirtschaft zu *„demokratisieren"* würde die marktwirtschaftlichen Prinzipien außer Kraft setzen, deren Wirken doch für allgemeinen Wohlstand gesorgt habe, und an ihre Stelle würde die Herrschaft verselbständigter Funktionäre rücken.

> *»Das Ziel kann erreicht werden, wenn sich die SPD zum Anwalt der Gewerkschaftsforderung macht und der Arbeitnehmerflügel der CDU bei seiner Einstellung bleibt.«*
>
> Wilhelm Gefeller, IG-Chemie-Vorsitzender

Das Unternehmerlager beschränkte sich nicht darauf, die Argumente der Gewerkschaften zu entkräften und ihre Gegenposition öffentlichkeitswirksam darzustellen. Es stellte auch den Anspruch der Gewerkschaften in Frage, mit ihrer Mitbestimmungsforderung für die Arbeitnehmer zu sprechen, und zweifelte damit grundsätzlich ihre Legitimation an. So beauftragte die BDA im Sommer 1965 das EMNID-Institut mit einer repräsentativen Befragung über die „Wirksamkeit der erweiterten Mitbestimmung auf die Arbeitnehmer"; die Ergebnisse wurden im Juli 1966 in einer Pressekonferenz vorgestellt.[20] Nach Ansicht der BDA war *„die Legende von der Bewährung der Montanmitbestimmung"* damit zerstört. Die EMNID-Befragung zeige, dass im Vergleich zu den Betrieben, für die das Montanmitbestimmungsgesetz gilt, die Werke, die ausschließlich dem Betriebsverfassungsgesetz unterliegen, im Urteil der Arbeitnehmer durchweg besser abschnitten – egal ob es sich um das Betriebsklima, um die innerbetriebliche Informiertheit oder um das Verhältnis zum Betriebsrat und der Unternehmensleitung handele.[21]

Mehr als durch die Gewerkschaft, den Arbeitsdirektor und die Arbeitnehmervertreter im Aufsichtsrat sahen die Beschäftigten, wie das EMNID-Institut in seiner wissenschaftlich umstrittenen Untersuchung behauptete,[22] ihre Interessen durch den Betriebsrat vertreten. Die konkreten Probleme ihres engeren betrieblichen Umfelds, also Fragen des Lohns, der Arbeitszeit oder der Sozialeinrichtungen, lägen ihnen wesentlich näher als die unternehmerischen Entscheidungen über Produktionsprogramme oder Investitionen. Folglich werteten die Arbeitgeber auch die Forderung nach erweiterter Mitbestimmung – wie schon in der Auseinandersetzung um die Sicherung der Montanmitbestimmung[23] – nicht als originäres Anliegen der Arbeitnehmer, sondern als Ausdruck des politischen Machtstrebens der Gewerkschaften.

DGB: „Mitbestimmung – eine Forderung unserer Zeit"

Entgegen den Erwartungen der Gewerkschaften sprach sich der Bundeskanzler Ludwig Erhard in seiner Regierungserklärung am 10. November 1965 aus *„grundsätzlichen rechtlichen, volkswirtschaftlichen und politischen Erwägungen"* gegen eine Ausweitung der paritätischen Mitbestimmung aus, während er zugleich Bestrebungen, die bestehende Mitbestimmung in der Montanindustrie auszuhöhlen, ablehnte.[24] Für den Fraktionsvorsitzenden der mitregierenden FDP, Wolfgang Mischnik, bedeutete die gewerkschaftliche Forderung *„in Wahrheit nichts anderes als eine neue Form der Sozialisierung"*. An die Verabschiedung eines Gesetzes über die Mitbestimmung in großen Kapitalgesellschaften war unter diesen Umständen nicht zu denken. Auch wenn die Sozialausschüsse, die fürchteten,

> »*Wir sprechen uns aus grundsätzlichen rechtlichen, volkswirtschaftlichen und politischen Erwägungen gegen eine Ausweitung der paritätischen Mitbestimmung aus.*«

Ludwig Erhard in seiner Regierungserklärung 1965

die CDU werde in eine *„liberalistische Wirtschaftspartei"* umgewandelt, dagegen protestierten und dem Wirtschaftsrat vorwarfen, *„aus Angst vor dem ‚Schreckgespenst der Mitbestimmung' innerhalb der CDU und der Bundesregierung aktiv geworden zu sein und mit erheblichen Geldmitteln versucht zu haben, Stimmung gegen die Mitbestimmung zu machen"*.[25]

Die Gewerkschaften ließen sich durch die klare Abweisung ihrer Forderung nicht entmutigen und setzten ihre Gespräche und Verhandlungen mit Vertretern der Parteien und der Kirchen unvermindert fort. Auf dem 7. Ordentlichen Bundeskongreß des DGB im Mai 1966 in Berlin bekräftigten die Delegierten ihre *„Forderung nach einer gleichberechtigten Beteiligung der Arbeitnehmer an den Entscheidungen in allen Bereichen des Gesellschaftslebens"* und unterstrichen ihre Bereitschaft, *„den durch das Montanmitbestimmungsrecht vorgezeichneten Weg der Zusammenarbeit fortzusetzen und damit die Stabilisierung und Fortentwicklung unse-*

rer demokratischen Ordnung zu sichern.“[26] Angesichts der massiven Gegenpropaganda der Unternehmerverbände drängten einige Delegierte auf gewerkschaftliche Großveranstaltungen und Kundgebungen. Der DGB-Vorsitzende Ludwig Rosenberg war jedoch zuversichtlich, eine parlamentarische Mehrheit für das Mitbestimmungsrecht gewinnen zu können: *„Ebensowenig, wie wir es erstreiken wollen – ebensowenig werden es andere niederstimmen können.“*[27]

Die Kommission „Aktion Mitbestimmung“ legte dem DGB-Bundeskongress unter dem Titel „Mitbestimmung – eine Forderung unserer Zeit“ eine umfangreiche Denkschrift vor, in der die gewerkschaftliche Forderung noch einmal ausführlich begründet und auf die kritischen Einwände entgegnet wurde. Die Mitbestimmung wurde darin nicht – wie von Arbeitgeberseite unterstellt – als Gefahr, sondern im Gegenteil als

Siehe Dokument **„Mitbestimmung – eine Forderung unserer Zeit“** im zweiten Band, Seite 10

Kanzler Erhard 1964 mit dem alten und neuen IG-Bergbau-Vorsitzenden Heinrich Gutermuth (links) und Walter Arendt

Garant für die freiheitlich-demokratische Ordnung charakterisiert; denn es dürfe *„für die gesellschaftlichen Gruppen nicht zweierlei Rechte oder eine einseitige Verteilung von Rechten geben: für die einen das ausschließliche Verfügungsrecht und für die anderen die widerspruchslose Unterordnung. Unsere Gesellschafts- und Wirtschaftsordnung muß vielmehr allen Menschen, die in ihr leben und arbeiten, Freiheits-, Gestaltungs- und Verantwortungsraum gewähren. Nur dann werden sie die Ordnung voll anerkennen und bejahen. Worum es letztlich geht, ist die demokratische Integration der Bürger auch innerhalb der Arbeitswelt.“*[28] Die Mitbestimmung sei gerade keine Waffe des Klassenkampfs, um die bestehende Ordnung zu beseitigen; sie schaffe vielmehr die institutionellen Voraussetzungen, die industriellen Konflikte, die in einem Unternehmen immer wieder auftreten, zu bewältigen, ohne dass sie eskalieren.

In den modernen Großunternehmen bestehe auch *„kein zwingender Zusammenhang mehr zwischen Eigentumsrecht und Bestimmungsrecht"*. Beide hätten sich in dem Maße verselbständigt, wie aus dem Eigentumsrecht nur mehr ein *„Kapitalbeteiligungsrecht"* der Aktionäre geworden sei. Die Mitbestimmung greife insofern gar nicht substanziell in das Eigentumsrecht ein, sondern nur in das Bestimmungsrecht des Managements, verändere also lediglich die Willensbildung im Unternehmen, indem *„die Stellung jener, die auf unselbständige Arbeit angewiesen sind"*, gestärkt werde. Die Verfügungsrechte, die sich aus dem Eigentumsrecht ergäben, beinhalteten ohnedies nicht die Befugnis, andere Menschen in ein *„Unterwerfungsverhältnis"* zu zwingen. Abgesehen von der grundgesetzlich festgelegten Sozialverpflichtung des Eigentums ermöglichten erst Kapital und Arbeit gemeinsam den Unternehmenszweck. Zudem sei *„das Risiko des Aktionärs in der Regel ungleich geringer als das des Arbeitnehmers, der in seiner totalen Existenz von den Geschicken des Unterneh-*

Mitbestimmung ist erneut Topthema: DGB-Bundeskongress 1966 in Berlin, links Ludwig Rosenberg, rechts Delegierte der IG Metall

mens und den Entscheidungen der Unternehmensleitung abhängt" und deshalb *„ein unmittelbares Interesse an der Dynamik des Unternehmens und dem Ausbau der Arbeitsplätze"* habe.

Da die Belegschaftsvertreter selbst in vielfältiger Weise in die Betriebe eingebunden seien, was die Möglichkeit einer unabhängigen Einflußnahme auf die Unternehmenspolitik begrenze, sei die Präsenz von Gewerkschaftsvertretern in den Entscheidungsorganen der Unternehmen unabdingbar. Nur durch externe, vielfach als „betriebsfremd" diskreditierte Vertreter werde es möglich, *„daß betriebsegoistische Aspekte in der Unternehmenspolitik zurücktreten, und zwar zugunsten von Branchen- oder sogar gesamtwirtschaftlichen Gesichtspunkten"*. Davon, dass die Gewerkschaften lediglich ihre Verbandsmacht zu Lasten der Allgemeinheit ausdehnen wollten, könne keine Rede sein, zumal die Praxis der Montanmitbestimmung bewiesen habe, dass die Gewerkschaften zu keinem Zeitpunkt eine zentrale Steuerung ausgeübt hätten. Im Gegensatz zu den Vertretern industrieller Großunternehmen und der Großbanken, die nicht selten fünfzehn Aufsichtsratsmandate wahrnähmen, seien Arbeitnehmervertretern aufgrund eines Beschlusses des DGB-Kongresses 1959 in Stuttgart höchstens zwei Aufsichtsratssitze erlaubt.

Mit der Konzertierten Aktion will die Große Koalition die wirtschaftspolitischen Akteure auf gemeinsame Ziele verpflichten; doch die Mitbestimmungsfrage bleibt außen vor. Von links: BDI-Vorsitzender Fritz Berg, Wirtschaftsminister Karl Schiller, DGB-Vorsitzender Ludwig Rosenberg, DIHT-Vorsitzender Ernst Schneider und DAG-Chef Rolf Späther bei einem Treffen im Wirtschaftsministerium 1967

1966: DIE GROSSE KOALITION
Hohe Erwartungen und Ernüchterung über die Verzögerungstaktik

Mit der Regierungsbeteiligung der SPD im Rahmen der Großen Koalition im Dezember 1966 schien sich die politische Großwetterlage zugunsten der Gewerkschaften zu wenden. Die Frage der Ausweitung der paritätischen Mitbestimmung konnte nun nicht mehr länger von der politischen Tagesordnung der Bundesregierung fern gehalten werden. Für eine gesetzliche Regelung gab es jedoch bei den Christdemokraten keine Mehrheit, und bei den Sozialdemokraten mangelte es am Durchsetzungswillen.[29] Wie schwach die Kräfte im Parlament tatsächlich waren, zeigte schon die Auseinandersetzung um das Mitbestimmungssicherungsgesetz, die so genannte „Lex Rheinstahl", mit deren Hilfe erreicht werden konnte, dass die Montanmitbestimmung in Konzernobergesellschaften für eine Übergangsfrist von fünf Jahren auch dann erhalten blieb, wenn der Montanumsatz unter 50 Prozent gefallen war.[30] Nur auf Drängen der SPD-Fraktion *„unter Führung einer im besonderen Maße gewerkschaftsorientierten Gruppe"* konnte dieses Montansicherungsgesetz im März 1967 beschlossen werden. Dies wurde möglich, nachdem maßgebliche Vertreter des Arbeitnehmerflügels der CDU/CSU eine günstige Gelegenheit genutzt hatten, um ihre Bundestagsfraktion *„mit einer sehr knappen Zufallsmehrheit"* auf den SPD-Entwurf einzustimmen.[31] Dessen ungeachtet knüpfte der DGB weiter gehende Hoffnungen an den „Block" von Sozialdemokraten und christlichem Arbeitnehmerflügel.

Auch wenn die Sozialausschüsse der CDU auf ihrer 12. Bundestagung im Juli 1967 in Offenburg eine Erklärung verabschiedeten, die sich weitgehend mit den Forderungen des DGB deckte, war klar: Diese Position hatte nicht die geringste Chance, sich parteiintern gegen den CDU-Wirtschaftsrat durchzusetzen. Beruhigt stellte die BDA fest, dass die Offenburger Erklärung *„lediglich den Diskussionsbeitrag einer einzelnen Gruppe innerhalb der Unionsparteien darstellt, der selbst in den Sozialausschüssen auf teilweise erhebliche Widerstand stieß".[32]* Drei Monate später bekräftigte denn auch die Bundestagsfraktion der CDU/CSU ihren Standpunkt, bis zur nächsten Bundestagswahl keine Initiative für ein Mitbestimmungsgesetz zu ergreifen oder zu unterstützen.

In ihrer Regierungserklärung hatte die Große Koalition bereits im Dezember 1966 allzu große Erwartungen auf eine entsprechende Gesetzesinitiative gedämpft. Mit der Ankündigung, dass sie *„eine Kommission unabhängiger Sachverständiger berufen und sie mit der Auswertung der bisherigen Erfahrungen bei der Mitbestimmung als Grundlage weiterer Überlegungen beauftragen"[33]* werde, hatte sie sich des Problems zwar angenommen, aber eine Entscheidung auf einen unbestimmten Termin vertagt. Trotz aller Entschließungen, dass *„die qualifizierte Mitbestimmung*

„Zufallsmehrheit"

Die knappe Mehrheit war bei der Abstimmung des Montansicherungsgesetzes im Ausschuss für Arbeit und Soziales zustande gekommen. Dahinter konnten die CDU-Abgeordneten nun schwerlich zurück. So blieb bei der Schlussabstimmung im Bundestag die Mehrheit der CDU/CSU-Fraktion der Sitzung fern; nur 29 ihrer Abgeordneten stimmten für das Gesetz, obwohl rund 60 Abgeordnete dem Arbeitnehmerflügel der Sozialausschüsse zugerechnet wurden.

der Arbeitnehmer über die Montanindustrie hinaus auf alle Großunternehmen ausgedehnt werden"[34] müsse, gab es in Teilen der SPD durchaus Vorbehalte gegen die gewerkschaftliche Mitbestimmungsforderung.

Noch im September 1966 hatte der SPD-Vorsitzende Willy Brandt auf dem Gewerkschaftstag der IG CPK in Dortmund zwar betont, *„daß sich die bisherige Mitbestimmung bewährt hat und ihre Ausweitung aus gesellschaftspolitischen und wirtschaftspolitischen Gründen erstrebenswert ist".*[35] Um die Auseinandersetzung über diese politisch umstrittene, ja polarisierende Frage zu „versachlichen", war in der SPD auf Anregung ihres Wirtschaftsexperten Karl Schiller daneben aber schon im Herbst 1965 gefordert worden, zunächst eine Expertenkommission aus Vertretern der Gewerkschaften, der Arbeitgeberverbände und der Wissenschaft einzusetzen, und auf dem Parteitag im Juni 1966 in Dortmund war trotz mancher Bedenken auch ein entsprechender Beschluss gefasst worden.[36]

Gegenüber Skeptikern, die dahinter ein Ausweichmanöver vermuteten, um sich einer politischen Entscheidung zugunsten der gewerkschaftlichen Mitbestimmungsforderung zu entziehen, hatte Willy Brandt vor den Delegierten der IG CPK ausdrücklich erklärt, die Kommission werde *„kein Begräbnis dieser oder jener Klasse und kein Papierkorb sein, sondern ein Hebel aus der jetzt gegebenen Situation zum sachlichen Erfolg".*[37] Der DGB, auf die parlamentarische Unterstützung der SPD und des christlichen Arbeitnehmerflügels angewiesen, sah in der Regierungserklärung der Großen Koalition eine *„grundsätzliche Anerkennung der Mitbestimmung"* und hoffte, dass sich mit den Vorschlägen der angekündigten Kommission die Bedingungen, ein Gesetz in ihrem Sinne auch tatsächlich durchzusetzen, verbessern werden. Er erwarte allerdings, dass die Sachverständigen ihre Arbeit so rechtzeitig abschließen, dass *„noch in dieser Legislaturperiode"* ein entsprechendes Gesetz verabschiedet werden kann.[38]

DGB argwöhnt Verzögerungstaktik

Die Einsetzung der Kommission ließ auf sich warten, und in den Gewerkschaften wuchs die Unzufriedenheit über den schleppenden Gang der parlamentarischen Behandlung. Im April 1967 wurden die Stimmen lauter, *„daß der deutsche Gesetzgeber einer klaren Stellungnahme zu dem Problem der Mitbestimmung nicht mehr länger ausweichen kann. Die Zeit des Zögerns und der abwartenden Haltung ist vorbei."*[39] Im September forderte der DGB schließlich die Bundesregierung ultimativ auf, ihre *„Verzögerungstaktik"* aufzugeben und umgehend die Kommission zu berufen.[40] Die Bereitschaft der SPD, sich für die gewerkschaftliche Mitbestimmungsforderung stark zu machen, war nicht besonders ausgeprägt. Im Gegenteil, die Mitbestimmung zählte nicht zu den Hauptproblemen, denen sich die SPD-Bundestagsfraktion zuwenden wollte, wie überhaupt das Verhältnis zu den Gewerkschaften – nicht zuletzt durch die Auseinandersetzungen um die Notstandsgesetze – recht angespannt war und sich die SPD dagegen verwahrte, dieses Verhältnis als „Einbahnstraße" zu begreifen, die nur den Gewerkschaften dient.[41]

Die Bundesregierung wollte die Konzertierte Aktion mit den Arbeitgebern und Gewerkschaften, die unmittelbar nach der Regierungsbildung eingerichtet worden war, um die wirtschaftliche Rezession und die staatliche Haushaltskrise durch gemeinsame Anstrengungen zu überwinden, auf keinen Fall dadurch gefährden, dass sie mit grundsätzlichen, konsensual nicht lösbaren Problemen belastet würde. Vom *„Tisch der kollektiven Ver-*

Für die paritätische Mitbestimmung – die Sozialausschüsse der CDU 1967 in Offenburg: DGB-Vize Bernhard Tacke, Wohnungsbauminister Paul Lücke, CDA-Vorsitzender Hans Katzer (von links)

nunft", wie Bundeswirtschaftsminister Karl Schiller die Konzertierte Aktion bezeichnete, mussten solche konfliktgeladenen, sie letztlich sprengenden Fragen wie die paritätische Mitbestimmung fern gehalten werden.[42] Für Arbeitgebervertreter wie Hanns-Martin Schleyer bestand kein Zweifel, dass die Wirtschaft ihre Leistungskraft nicht wiedergewinnen wird, *„[s]olange die Rechtsstellung des Eigentümers an den Produktionsmitteln in Zweifel gezogen wird und solange das Rentabilitätsprinzip hinter die soziale Interessenpolitik zurücktritt"*, während Gewerkschafter wie Wilhelm Gefeller umgekehrt die Notwendigkeit der Mitbestimmung gerade durch die Wirtschaftsflaute bestätigt sahen, damit *„die unvermeidliche Auseinandersetzung um das Abwälzen der Risiken dieser Entwicklung"* nicht zu Lasten der Schwächeren entschieden werde.[43] Eine Verständigung oder gar ein Kompromiss zwischen diesen Positionen war völlig ausgeschlossen, auch wenn der DGB kritisierte, dass ohne die Einbeziehung der Mitbestimmungsfrage *„die sogenannte Konzertierte Aktion ein Orchester (ist), in dem die wesentlichsten Instrumente in der Partitur fehlen."*

„Die Unruhe und der Druck von außen müssen wachsen ..." IG-Metall-Chef Otto Brenner spricht
auf der Kundgebung des Deutschen Gewerkschaftsbundes in Stuttgart. Seit Anfang 1968 mobilisiert
der DGB massiv für ein Mitbestimmungsgesetz.

KAMPF UM DIE ÖFFENTLICHE MEINUNG
Aufklärungsoffensive des DGB / Die Position der beiden Regierungsparteien / Neue gesellschaftliche Leitbilder

Erst nachdem einige den Gewerkschaften verbundene Abgeordnete der
SPD die Hinhaltetaktik massiv kritisiert hatten, beschloss die Bundesregierung im November 1967 die Bildung der „Sachverständigenkommission zur Auswertung der bisherigen Erfahrungen bei der Mitbestimmung".
Noch kurz zuvor hatten sowohl der DGB als auch die BDA übereinstim-
mend erklärt, nicht mehr – wie ursprünglich geplant und von Karl Schiller weiterhin nachdrücklich gewünscht – unmittelbar an der Kommission
beteiligt zu werden, sondern statt der Verbandsvertreter nur unabhängige
Wissenschaftler zu berufen.[44]

    Der DGB wollte sich durch dieses Gremium, das er mit großer Skep-
sis betrachtete, auf keinen Fall politisch einbinden lassen, hatte er doch
den Eindruck, dass die Bundesregierung lediglich Zeit gewinnen wollte
und überhaupt nicht beabsichtigte, noch innerhalb der Legislaturperiode
ein Mitbestimmungsgesetz zu verabschieden. Von der Kommission er-
wartete der DGB keinen wirklichen Fortschritt, da sie – wie Ludwig Rosenberg betonte – *„die notwendige politische Entscheidung in der Frage
der Mitbestimmung nicht ersetzen, sondern lediglich eine solche Entscheidung mit vorbereiten kann"*. Die Einrichtung der nun beschlossenen, in
ihrer Zusammensetzung aber noch unbestimmten Kommission verzöger-
te sich, und es vergingen weitere Wochen, bis sie sich schließlich Ende Januar 1968 unter Leitung des Bochumer Wirtschaftsjuristen Kurt Biedenkopf konstituierte.

    Nicht zu Unrecht hatte der Sozialdemokrat Klaus Dieter Arndt,
Staatssekretär im Wirtschaftsministerium, der DGB-Führung zu bedenken gegeben, *„daß die Öffentlichkeit noch nicht ausreichend mit dem Gedanken der Mitbestimmung vertraut gemacht wurde und daher keine Stimmung für eine solche Gesetzesinitiative vorhanden sei"*. Die Umfrage, die
im Auftrag des DGB durchgeführt wurde, war denn auch ernüchternd,
wie Ludwig Rosenberg intern feststellte: *„Danach möchte man im Volk
keine Auseinandersetzung. Man möchte vielmehr Harmonie, Partnerschaft,
Gemütlichkeit. Wir haben eine Demokratie ohne Demokraten."*[45]

    Statt auf die Öffentlichkeitswirksamkeit der Biedenkopf-Kommissi-
on zu vertrauen, startete der DGB von sich aus eine groß angelegte Mo-
bilisierungs- und Aufklärungskampagne, deren Ziel der Vorsitzende der
IG Metall, Otto Brenner, mit den Worten kennzeichnete: *„Die Unruhe
und der Druck von außen müssen wachsen, und zwar so stark, daß den
Parteien keine Möglichkeit mehr bleibt, sich ihrer Verpflichtung gegenüber den Arbeitnehmern und dem sozialen Auftrag des Grundgesetzes zu*

entziehen." Auf Großkundgebungen in verschiedenen Großstädten von Hamburg bis Stuttgart und von Nürnberg bis Bremen sowie in zahllosen örtlichen Versammlungen wurde auf eine zügige parlamentarische Behandlung der paritätischen Mitbestimmung gedrängt, begleitet von Anzeigenkampagnen in allen überregionalen Zeitungen, Plakataktionen und breit gestreutem Informationsmaterial, um auch die Öffentlichkeit für die gewerkschaftliche Forderung zu gewinnen.

Aufklärungsoffensive des DGB

Mit einer Massenkundgebung unter dem Motto „Mitbestimmung – eine Forderung unserer Zeit" geht der DGB am 12. März 1968 in Köln in die politische Offensive. Die Kampagne wird prompt von der arbeitgebernahen Presse als *„platte Phraseologie und fataler Rückfall in die Attitüde und das Vokabular des Klassenkampfes"* diffamiert[46]. Vor 10.000 Teilnehmern unterstreicht der DGB-Vorsitzende Ludwig Rosenberg noch einmal mit allem Nachdruck die Forderung nach einer Ausweitung der Mitbestimmung. Nach seiner Ansicht waren alle grundsätzlichen Einwände widerlegt. Die Einrichtung der Biedenkopf-Kommission war daher *„überflüssig"* und *„weiter nichts als das Ausweichen und Verschieben einer Entscheidung, der man doch nicht ausweichen kann".*[47] Die *„Scheinargumente",*

KURT H. BIEDENKOPF
GEB. AM 28. JANUAR 1930 IN LUDWIGSHAFEN

Nach dem Studium in München und Frankfurt/Main promovierte Kurt H. Biedenkopf 1958 zum Dr. jur. und habilitierte sich 1963 mit einer Arbeit über „Die Grenzen der Tarifautonomie". 1964 wurde er als Ordinarius für Handels-, Wirtschafts- und Arbeitsrecht an die Ruhr-Universität Bochum berufen, deren Rektor er auch von 1967 bis 1969 war. 1968 wurde er Vorsitzender der Mitbestimmungskommission.
1971 wechselte Kurt Biedenkopf in die Industrie und wurde Mitglied der zentralen Geschäftsführung des Düsseldorfer Waschmittelkonzerns Henkel.
1973 berief ihn Helmut Kohl zum Generalsekretär der CDU, der er seit 1966 angehörte.
1977 – inzwischen auch wirtschaftspolitischer Sprecher der Bundestagsfraktion – übernahm er den Vorsitz des CDU-Landesverbandes Westfalen-Lippe. 1980 wechselte er als Oppositionsführer in den nordrhein-westfälischen Landtag und wurde 1985 Vorsitzender des soeben zusammengeschlossenen CDU-Landesverbandes Nordrhein-Westfalen. Nach internen Auseinandersetzungen gab er den Vorsitz 1987 an Norbert Blüm ab und zog sich auf sein Bundestagsmandat zurück. Nach dem Zusammenbruch der DDR wurde er 1990 zum ersten Ministerpräsidenten des Freistaates Sachsen gewählt, und gestützt auf den Landesvorsitz der sächsischen CDU kam der „Querdenker" 1992 wieder in den Bundesvorstand seiner Partei. 2002 schied er aus der Regierungsverantwortung aus.

Tausende demonstrieren bei der Auftaktkundgebung des DGB in Köln am 12. März 1968.

die vorgebracht würden, versuchten nur zu kaschieren, dass den Mitbestimmungsgegnern im Grunde die ganze gesellschaftspolitische Richtung nicht passt, nämlich die Bundesrepublik weiter zu einem demokratischen und sozialen Rechtsstaat auszubauen:

„Sie wissen, daß ihre wirklichen Argumente so mittelalterlich und reaktionär sind, daß man sich nicht öffentlich zu ihnen bekennen kann, ohne einen Sturm des Protestes zu erzeugen oder in schallendem Gelächter unterzugehen. Die Gespenster des Manchesterlichen Liberalismus, die primitive Formel: ‚Gelobt sei, was mir nützt‘, der rücksichtslose Egoismus, der nur seinen Vorteil sucht und ihn in Wirklichkeit doch niemals findet, das sind die wahren Motive jener, die immer neue und tatsächlich uralte Begründungen erfinden, um durch das, was sie sagen, zu verdecken, was sie denken.“

Um den Druck auf das Parlament zu erhöhen, legte der DGB auf der Kölner Kundgebung einen ausgearbeiteten Gesetzentwurf vor, der den Entwurf von 1962 im Grunde nur aktualisierte. Für alle Kapitalgesellschaften, die zwei der drei Kriterien erfüllten, nämlich mindestens 2000 Beschäftigte, ein Jahresumsatz von mindestens 150 Millionen DM oder eine Bilanzsumme von mindestens 75 Millionen DM, schrieb der Entwurf die paritätische Mitbestimmung ganz nach dem Modell der Montanindustrie vor.[48]

Insgesamt sollten in einem elfköpfigen Aufsichtsrat den fünf Vertretern der Anteilseigner vier Vertreter der Arbeitnehmer gegenüberstehen plus einem „weiteren" Mitglied; dieses durfte weder einer Gewerkschaft noch dem Unternehmen angehören und sollte gleichsam als Vertreter des öffentlichen Interesses ebenfalls von den Gewerkschaften benannt werden. Von den vier Arbeitnehmervertretern sollten zwei – ein Arbeiter und ein Angestellter – als Belegschaftsvertreter von der Betriebsräteversammlung zu wählen sein, und zwei sollten von den im Unternehmen vertretenen Gewerkschaften bestellt werden.

Auf den „neutralen" elften Mann hatten sich Anteilseigner- und Arbeitnehmervertreter zu einigen. Dem Vorstand, der aus mindestens drei Mitgliedern zu bestehen hatte, sollte auch ein Arbeitsdirektor angehören, der nicht gegen die Stimmen der Arbeitnehmervertreter bestellt oder abberufen werden konnte. Nach Angaben des DGB wären von dieser Regelung etwa 380 Großunternehmen betroffen.

SPD und CDU: die Position der beiden Regierungsparteien

Die Auftaktveranstaltung seiner Mitbestimmungsoffensive hatte der DGB zeitlich unmittelbar vor den SPD-Parteitag Ende März 1968 in Nürnberg gelegt. Er wollte die SPD auf diese Weise zwingen, sich klar und eindeutig hinter die gewerkschaftlichen Forderungen zu stellen. Zwar sträubten sich führende Parteimitglieder wie der Minister für gesamtdeutsche Fragen Herbert Wehner, der Fraktionsvorsitzende Helmut Schmidt und nicht zuletzt Wirtschaftsminister Karl Schiller, entgegen der Koalitionsvereinbarung noch in der laufenden Legislaturperiode einen Gesetzentwurf zur Mitbestimmung einzubringen, aber der Gewerkschaftsflügel war stark genug, einen Beschluss herbeizuführen, der die Bundestagsfraktion dazu verpflichtete.[49] Die Empfehlungen der Sachverständigenkommission, deren

»Die generelle wirtschaftliche Stabilität muss gesichert sein, bevor ernsthaft an Mitbestimmung gedacht werden kann.«

Klaus-Dieter Arndt, Wirtschafts-Staatssekretär auf dem SPD-Parteitag 1968

Vorsitzender, der Wirtschaftsjurist Kurt Biedenkopf, nach Ansicht mancher Parteitagsdelegierter sowieso *„kein Freund der Mitbestimmung"* sei, wollte der Gewerkschaftsflügel erst gar nicht abwarten.

Vergeblich beschwor Klaus Dieter Arndt, Staatssekretär im Wirtschaftsministerium, die SPD-Delegierten, nichts zu überstürzen, denn: *„Die generelle wirtschaftliche Stabilität muß gesichert sein, bevor ernst-*

Der DGB will die SPD zwingen, sich klar hinter die gewerkschaftlichen Forderungen zu stellen. ÖTV-Chef Heinz Kluncker und SPD-Minister Herbert Wehner

haft an Mitbestimmung gedacht werden kann." Der Parteitag sei im Übrigen *„kein Briefkasten, auch nicht für einen DGB-Kongreß",* der Anliegen Dritter lediglich weiterleite.

CDU-Parteitag vor einer Zerreißprobe

Und wie sah es innerhalb der CDU aus? Hier konnte sich der Arbeitnehmerflügel nicht durchsetzen. Bestärkt durch Äußerungen namhafter Vertreter der katholischen und evangelischen Soziallehre, hatten sich die Sozialausschüsse der CDU noch im Juli 1967 zur Ausweitung der qualifizierten Mitbestimmung bekannt. Außerdem waren gegen Ende des Jahres Vorschläge einer Kommission namhafter christlicher Sozialwissenschaftler und Gewerkschafter bekannt geworden. Diese gingen im Grundsatz sogar noch über die Vorstellungen des DGB hinaus, insofern sie die gleichberechtigte Beteiligung der Arbeitnehmer und ihrer Vertreter auch in der Unternehmensversammlung, die bei Aktiengesellschaften an die Stelle der Hauptversammlung treten sollte, vorsahen.[50] Zugleich waren sie funktionärsfeindlicher, insofern die Arbeitnehmervertreter ausschließlich direkt durch die Belegschaften gewählt werden sollten.

Trotz Unterstützung durch ihre bayerische Schwesterorganisation, die christlich-soziale Arbeitnehmerschaft, durch die Katholische Arbeiterbewegung Westdeutschlands (KAB) und andere christliche Arbeitnehmerverbände gelang es den Sozialausschüssen auf dem Bundesparteitag der CDU vom 4. bis 7. November 1968 in Berlin nicht, gegen den wohlvorbereiteten und koordinierten Widerstand des CDU-Wirtschaftsrates eine Mehrheit für ihre Mitbestimmungsvorstellungen zu gewinnen. Der Kompromiss erteilte einer Ausweitung des Montanmitbestimmungsmodells auf die Gesamtwirtschaft, wie vom DGB gefordert, eine klare Absage. Zudem konnte er seine Ablehnung gewerkschaftlicher Vertretungsansprüche in den Unternehmensorganen kaum verbergen und sprach sich dafür aus, Einzelheiten einer gesetzlichen Regelung erst nach Abschluss der Arbeit der Sachverständigenkommission festzulegen. So heißt es in der Entschließung des Parteitages:

„Die weitere Gestaltung der Mitbestimmung muß auf der Grundlage des Berichtes, den die von der Bundesregierung eingesetzte Kommission zu erstatten hat, sorgfältig geprüft werden. Bei einer Neuordnung des Unternehmensrechts darf ein überbetriebliches Einflußmonopol zugunsten von organisierten Interessen nicht zugelassen und die wirtschaftliche Leistungsfähigkeit der Unternehmen auch im internationalen Wettbewerb nicht beeinträchtigt werden. Angesichts dieser Zielsetzung kann eine schematische Übertragung des Modells der Montan-Mitbestimmung nicht befürwortet

Die CDU-Sozialausschüsse können sich in ihrer Partei nicht durchsetzen: Hans Katzer, Arbeitsminister in der Großen Koalition

werden. Wer in Betrieben oder Unternehmen Arbeitnehmerinteressen wahr-nimmt, muß von dem Vertrauen der Belegschaft getragen werden."[51]

In der Tat hatte die Mitbestimmungsfrage die CDU vor eine Zerreiß-probe gestellt. Norbert Blüm, Hauptgeschäftsführer der Sozialausschüs-se, hatte noch vor dem Parteitag mit dem *„Aufstand christlich-demokra-*

> ## »Die Arbeitgeber wollen ‚die Subjektstellung der Menschen im Betrieb' verbessern.«
>
> Aus der BDA-Broschüre „Freiheitliche soziale Ordnung – heute und morgen"

tischer Proletarier" gedroht, falls jegliche Ausweitung der Mitbestim-mung strikt abgelehnt würde, wie es von Vertretern des CDU-Wirt-schaftsrats mit einem *„Bombenteppich von Inseraten und Broschüren"* gefordert worden war.[52] Indem die Entschließung die Diskussion jedoch offen hielt, konnte die tiefe Kluft innerhalb der CDU überdeckt werden.

68er-Bewegung: Neue gesellschaftliche Leitbilder

So unterschiedlich die Vorschläge im Einzelnen auch waren, die in der Öffentlichkeit kursierten,[53] so wenig konnte die Forderung nach Mit-bestimmung übergangen oder grundsätzlich verworfen werden. Die antiautoritäre Protestbewegung der „68er", die mit spektakulären und provokanten Aktionen gegen Herrschaft, Zwang und Fremdbestimmung aufbegehrte, brachte nur – wenngleich in zugespitzter Form – ein weit verbreitetes Bedürfnis innerhalb der Bevölkerung zum Ausdruck, sich nicht länger in die eigenen Arbeits- und Lebensbedingungen zu fügen, sondern selbst über sie zu entscheiden. Dem konnten sich auch die Ar-beitgeberverbände nicht entziehen. Sie bemühten sich intensiv, das Image der Unternehmer als selbstherrliche Autokraten zu korrigieren und sich als offene, moderne Manager darzustellen, die durchaus bereit sind, zu kooperieren und Befugnisse an ihre Mitarbeiter zu delegieren.[54] Und sie setzten den Mitbestimmungs- und Demokratisierungsforderungen der Ar-beitnehmerverbände eigene, zeitgemäße Leitvorstellungen entgegen.

Auch ihnen ging es darum, wie die Bundesvereinigung der Arbeitge-berverbände (BDA) in ihrer noch vor dem Bundesparteitag der CDU vor-gestellten Broschüre „Freiheitliche soziale Ordnung – heute und morgen" hervorhob,[55] die *„Subjektstellung des Menschen im Betrieb"* zu verbes-sern: *„Der Erfolg dieser Bemühungen wird jedoch weniger von den ge-setzlichen Maßnahmen abhängen als von einem modernen Führungsstil*

der Betriebe sowie von der aktiven Mitwirkung der Arbeitnehmer und ihrer Organisationen. Übertragung von Verantwortung, verbesserte Unter-
richtung der Mitarbeiter sowie vertikale und horizontale Kooperation tragen dazu bei, daß Leistungsbereitschaft und Mitspracherecht des einzelnen Arbeitnehmers einander entsprechen. "[56]

Im Sinne zeitgemäßer Managementkonzepte verstand die BDA unter Subjektstellung aber lediglich die „Befähigung des einzelnen Mitarbei-
ters, seine Arbeit weitgehend selbst zu kontrollieren, seine Arbeitsabläufe
zu verbessern und insbesondere hinsichtlich der Organisation des Betrie-
bes im Vorschlagswesen Anregungen zu geben".[57] Damit wollten die Arbeitgeber den Anforderungen der fortschreitenden Rationalisierung industrieller Arbeit entsprechen, gingen aber dabei über die wirtschafts-
und gesellschaftspolitische Bedeutung der gewerkschaftlichen Forderung
nach gleichberechtigter Mitbestimmung einfach hinweg.

> **»Um den Vorstoß abzuwehren, haben sich die Mächtigen aus
> Industrie und CDU/CSU zu einem gewaltigen Propaganda-
> Kartell zusammengeschlossen.«**
>
> Aus: Der Spiegel 44/1968

Bereits im September 1968 war zur Verstärkung der Arbeitgeberpro-
paganda die „Aktionsgemeinschaft Sicherheit durch Fortschritt" gegründet worden, ein breiter Zusammenschluss namhafter Vertreter wichtiger
Konzerne – angefangen bei der Deutschen Bank bis zu Oetker – sowie
der Repräsentanten aller Spitzenverbände der Wirtschaft, einschließlich
des Zentralverbandes des Deutschen Handwerks und des CDU-Wirtschaftsrates.[58] Unter dem Vorsitz von Hanns-Martin Schleyer startete die
Aktionsgemeinschaft, die glaubte, einen Kampffonds in Höhe von insgesamt 20 Millionen DM aufbringen zu können, mit einer groß angelegten
Plakat- und Anzeigenkampagne. Sie wies auf die schwer wiegenden öko-
nomischen und politischen Gefahren hin, die die Ausweitung der paritätischen Mitbestimmung heraufbeschwören würde, und sie warnte die Öffentlichkeit eindringlich vor einem „Gewerkschaftsstaat", der mit dem
Machtzuwachs der Funktionäre drohe.[59] Die Broschüre „Mündige brauchen keinen Vormund", die in großer Zahl gedruckt wurde,[60] vervoll-
ständigte diese Aktion, ergänzt durch diverse Informationsmaterialien
des „Arbeitskreis Mitbestimmung", wie ein achtseitiges Faltblatt, das in
einer Auflage von 600.000 Exemplaren verteilt wurde.

Siehe Dokument „**Mündige brauchen keinen Vormund**" im zweiten
Band, Seite 28

„WAHLKAMPF-THEMA MITBESTIMMUNG": AUSZUG AUS EINER SPIEGEL-TITELGESCHICHTE

AUS: DER SPIEGEL VOM 28.10.1968

[…] „Um den Vorstoß abzuwehren, haben sich die Mächtigen aus Industrie und CDU/CSU zu einem gewaltigen Propaganda-Kartell zusammengeschlossen.

Anfang September gründete der Wirtschaftsrat der CDU, dem 2000 Parteifinanziers aus Industrie und Handel angehören, in Bonn die Aktionsgemeinschaft Sicherheit durch Fortschritt. Einziger Zweck dieses Vereins, in dessen Vorstand der ultrakonservative Daimler-Benz-Direktor Hanns-Martin Schleyer einrückte, ist der politische Kampf gegen die Mitbestimmung.

Binnen weniger Wochen sammelten die Christunternehmer rund zwei Millionen Mark für ihre Propaganda-Fonds. Sie schickten mehr als 60 000 Exemplare ihrer Anti-Mitbestimmungs-Broschüre „Mündige brauchen keinen Vormund" über Land, setzten Anzeigen in 30 deutsche Zeitungen und Zeitschriften ein und ließen Versammlungsredner ausschwärmen. Für seine redaktionellen Bemühungen sicherte sich der Anti-Mitbestimmungs-Verein die Dienste des ehemaligen Bundespressesprechers Felix von Eckardt.

Der CDU-Bundestagsabgeordnete ist Leiter des Pressebüros der Aktionsgemeinschaft und gibt wöchentlich einen Informationsdienst mit eine Auflage von 2500 Exemplaren heraus. An 3500 Adressen verschickte das Büro Eckardt ein Sortiment mit Materialien und Literatur gegen die Mitbestimmung.

Millionen sammelte auch die Bundesvereinigung der Deutschen Arbeitgeberverbände, deren Präsident der frühere Bundesminister Siegfried Balke (CSU) ist. Einen Spendenaufruf Balkes unterzeichneten Fritz Berg, Präsident des mächtigen Industrieverbandes BDI, Hanns-Martin Schleyer für die bedrohten Großunternehmen und der Odol-Fabrikant und Präsident des Deutschen Industrie- und Handelstages Ernst Schneider.

Der Gesamtverband der Versicherungswirtschaft forderte die Assekuranz auf, Geld gegen die Mitbestimmung zu geben. „Vertraulich" schlug das Präsidium des Verbandes vor, die 40 führenden Gesellschaften sollten von jeder Million beitragspflichtiger Prämien-Einnahme 40 Mark für die Propaganda abzweigen, da die Aktion „einen sehr erheblichen Aufwand erfordern wird".

Kaum eine Hauptversammlung dieses Jahres ging vorüber, ohne daß Deutschlands führende Industriemanager das Ende der Marktwirtschaft für den Fall voraussagten, daß Arbeitnehmer die Aufsichtsräte paritätisch besetzen würden. Mit Wort und Schrift warnten die Generaldirektoren Hansen und Timm von den Farbenfabriken Bayer und der Badischen Anilin- & Soda-Fabrik, der Daimler-Benz-Chef Zahn und der Industrielle Ernst von Siemens, die Bankiers Ulrich (Deutsche) und Vierhub (Dresdner Bank)" […]

„Die CDU wird sich weder zu übereiltem Handeln zwingen, noch von außerparlamentarischen Organisationen unter Druck setzen lassen": Rainer Barzel, CDU-Fraktionsvorsitzender (links). Helmut Schmidt begründet den ersten Mitbestimmungsgesetzentwurf der SPD am 22. Januar 1969 im Bundestag.

1968: DIE ERSTE PARLAMENTARISCHE INITIATIVE

SPD legt Gesetzesvorschlag vor / Der Bundestag debattiert die Mitbestimmung der Arbeitnehmer im Aufsichtsrat

Trotz ihres Beschlusses auf dem Nürnberger Parteitag im März 1968 zögerte die SPD, einen Gesetzentwurf in den Bundestag einzubringen – nach Ansicht der Arbeitgeber bewegten sich die Sozialdemokraten am Scheideweg *„nach vorwärts zur Volkspartei oder [...] zurück zur Gewerkschaftspartei"*.[61] Die Zeit drängte, sollte noch vor Ablauf der Legislaturperiode ein Durchbruch erzielt werden. Im Herbst erhöhte der Deutsche Gewerkschaftsbund deshalb den Druck auf die SPD, und zugleich stockte er das Budget von 1,5 auf 3,5 Millionen DM auf, um der publizistischen Feldschlacht der Arbeitgeberverbände Paroli zu bieten.[62]

Und so legte im Dezember die SPD schließlich fünf Gesetzentwürfe zur Mitbestimmung vor, darunter einen zur Unternehmensverfassung in Großunternehmen und Konzernen, der den unterschiedlichen Vorstellungen in der Partei Rechnung zu tragen suchte. Darin folgte die SPD zwar der gewerkschaftlichen Forderung nach einer paritätischen Besetzung der Aufsichtsräte. Doch wurden – nicht zuletzt aus Rücksicht auf die Deutsche Angestellten-Gewerkschaft (DAG) und auf parteiinterne Kreise um Karl Schiller und Alex Möller – die Einflussmöglichkeiten der Gewerkschaften zugunsten der unmittelbaren Belegschaftsmitglieder eingeschränkt.[63]

Sowohl die unternehmensangehörigen als auch die externen Arbeitnehmervertreter im Aufsichtsrat sollten laut SPD-Vorschlag von der „Unternehmensversammlung" bestimmt werden, einem von den Beschäftigten direkt gewählten Organ; den Gewerkschaften blieb nur noch ein Vorschlagsrecht für die zwei externen Vertreter. Auch das „weitere" Mitglied sollte nicht von den Gewerkschaften nach Rücksprache mit den Betriebsräten entsandt, sondern von den gewählten Vertretern der Arbeitnehmer und der Anteilseigner im Aufsichtsrat kooptiert werden. Im Unterschied zum DGB-Entwurf sollte zudem der Arbeitsdirektor keinem besonderen Bestellungsverfahren unterliegen, sondern wie alle anderen Vorstandsmitglieder vom Aufsichtsrat mit einer Zweidrittelmehrheit gewählt werden.

Der Bundestag debattiert den Gesetzentwurf der SPD

Der SPD war klar: Das Mitbestimmungsgesetz konnte nicht mehr vor der Bundestagswahl im Herbst 1969 verabschiedet werden. Ihr Koalitionspartner, die CDU/CSU, hatte sich entsprechend festgelegt, und es war nicht damit zu rechnen, dass der *„linke Feigenblattflügel der CDU"*, wie Hel-

Alex Möller

war der „Genosse Generaldirektor". Er war von 1945 bis 1969 Vorstandsvorsitzender der Karlsruher Lebensversicherung AG, dabei stellvertretender SPD-Fraktionsvorsitzender und ab 1969 Finanzminister unter Willy Brandt.

mut Schmidt die Sozialausschüsse bezeichnete, ausscheren und sich gemeinsam mit der SPD über ein Mitbestimmungsgesetz verständigen würde. Dies auch wenn der SPD-Fraktionsvorsitzende in der Bundestagsdebatte am 22. Januar 1969 in seiner Begründung der eingebrachten Entwürfe bewusst auf Kräfte in der CDU zielte.[64]

So erklärte Helmut Schmidt, weder einfach nur das Montanmitbestimmungsmodell noch den Gewerkschaftsentwurf übernommen zu haben, sondern ein eigenes, zeitgemäßes Konzept zu präsentieren. Zugleich betonte er, dass *„das Prinzip der Mitbestimmung nicht lupenrein so verwirklicht wird, wie wir es wünschen möchten"*, die parlamentarischen Verhandlungen also notgedrungen in einen Kompromiss münden müssten. Energisch widersprach Schmidt der Unterstellung der Arbeitgeberverbände, dass der SPD-Entwurf *„eine eindeutige Abkehr vom Grundsatz der freien Initiative und der sozialverpflichteten Verantwortung des Unternehmers"*[65] bedeute; und er stimmte geradezu eine Lobeshymne an auf die außergewöhnlichen Fähigkeiten, die derjenige vorweisen müsse, der ein Unternehmen erfolgreich leitet.

Allerdings könne nicht aus Eigentum Verfügungsgewalt über Menschen hergeleitet werden, argumentierte Helmut Schmidt. Da die wirtschaftliche Leistung eines Unternehmens beides, Kapital und Arbeit, voraussetze, sei klar, *„daß die Legitimation und auch die Kontrolle der Leitung von beiden Seiten her gleicherweise begründet werden muß"*. Er persönlich favorisierte im Übrigen ein Modell, nach dem in Anlehnung an das angelsächsische Unternehmensrecht der elfte Mann im Aufsichtsrat vom Vorstand besetzt werden sollte, und er unterstrich sein ausgespro

> *»Mitbestimmung bringt die Gesellschaft zwar einen wichtigen Schritt voran. Man sollte die eintretenden Veränderungen aber nicht überschätzen.«*

Helmut Schmidt, Vorsitzender der SPD-Fraktion 1969 im Bundestag

chen pragmatisches Verständnis der gesamten Mitbestimmungsproblematik, indem der SPD-Fraktionsvorsitzende vor überzogenen, zwangsläufig Enttäuschungen hervorrufenden Hoffnungen warnte: *„Paritätische Mitbestimmung bringt zwar die Gesellschaft einen wichtigen Schritt voran, aber sie ist allein keine Generalreform. Man sollte also [...] seine Erwartungen an die nachher eintretenden Veränderungen nicht zu hoch schrauben."*

Das Profil der Partei der sozialen Gerechtigkeit schärfen:
SPD im Wahlkampf Ende August 1969 in Recklinghausen

In seiner Stellungnahme begründete der Fraktionsvorsitzende der CDU/CSU, Rainer Barzel, die ablehnende Haltung seiner Partei gegenüber den vorgelegten Gesetzentwürfen. Barzel argumentierte, *„daß es sich bei dem Mitbestimmungskomplex um eine vielschichtige, unter den verschiedensten Gesichtspunkten zu überdenkende Materie handelt, die nur in solider und intensiver Arbeit zu einem guten Ergebnis gebracht werden kann".*[66] Das erfordere viel Zeit zur Beratung, so dass die wenigen Monate bis zur Bundestagswahl dafür nicht ausreichten. Mit Blick auf den DGB, der beharrlich auf eine rasche Behandlung der Mitbestimmung drängte, erklärte er, dass sich die CDU/CSU *„weder zu einem übereilten Handeln zwingen, noch von außerparlamentarischen Organisationen, welche es auch immer sein mögen, unter Druck setzen"* ließe.

Mit ihrem parlamentarischen Vorstoß wollte die SPD zweifellos ihr politisches Profil als *„Partei der sozialen Gerechtigkeit"*, wie es Willy Brandt im Juni 1968 im Parteirat noch einmal nachdrücklich gefordert hatte, gegenüber der CDU schärfen – nicht zuletzt im Hinblick auf die kommende Wahl. Spätestens nach dem Landtagswahldebakel in Baden-Württemberg, wo die SPD Ende April 1968 von 37,3 auf 29 Prozent der Stimmen abgesackt war, nachdem sie auch schon bei den vorangegangenen Landtagswahlen deutliche Stimmeneinbußen erlitten hatte,[67] musste sich die SPD um den Ausgang der Wahl im September 1969 sorgen. Umso notwendiger war es, die Arbeitnehmer für sich zu gewinnen. So wie sich die SPD mit ihrem Gesetzentwurf als Volkspartei präsentierte, die eigenständige, von gewerkschaftlichen Vorstellungen durchaus abweichende Positionen bezog, brachte sie zugleich die christlich-demokratischen Arbeitnehmer dadurch in Verlegenheit, dass ihr Entwurf in vielen Punkten dem der CDU-Sozialausschüsse entsprach.

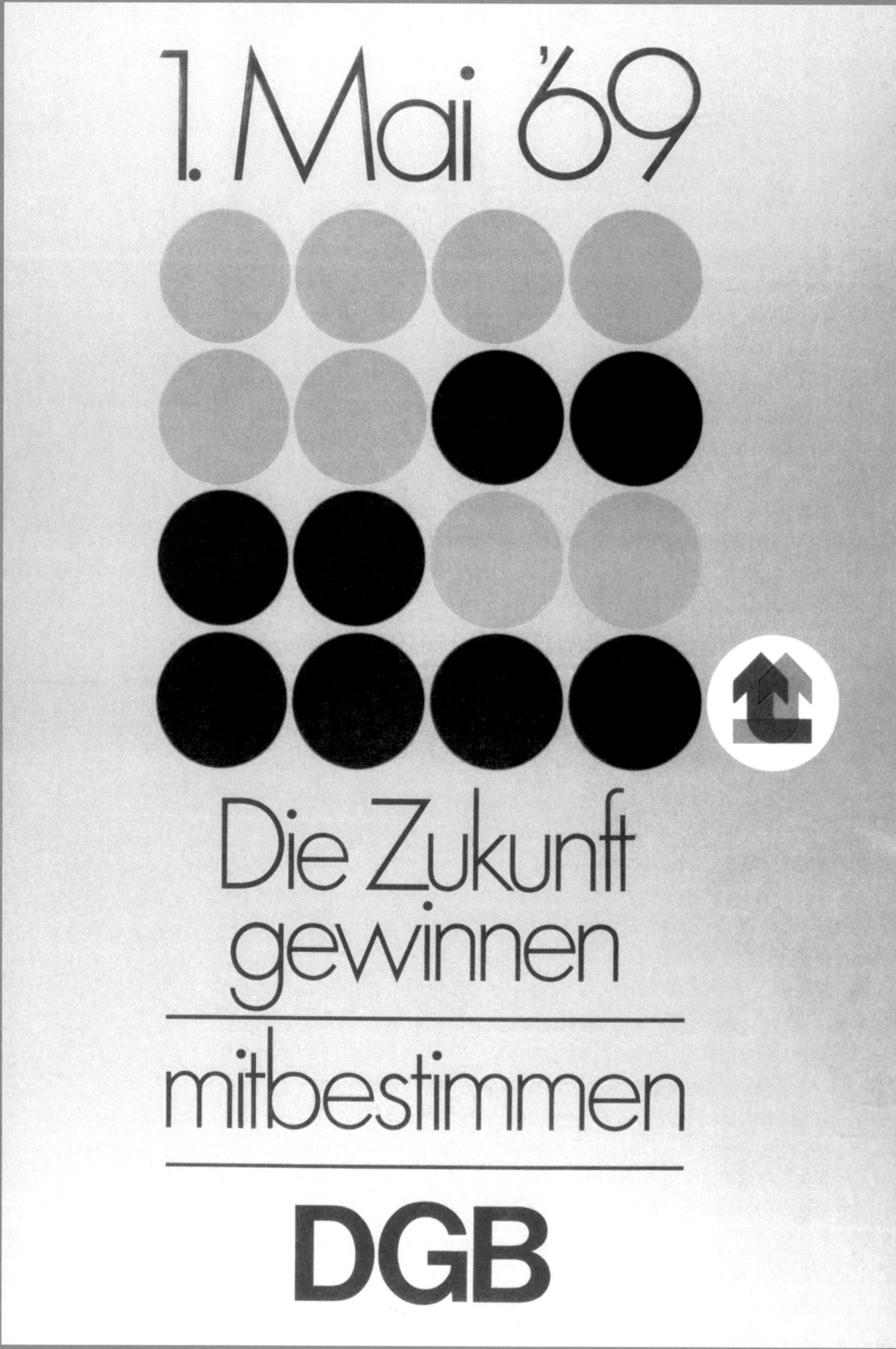
1. Mai '69
Die Zukunft gewinnen
mitbestimmen
DGB

DER DRUCK DER BASIS
Gewerkschaften und SPD: AfA und Gewerkschaftsrat werden gegründet
Die Belegschaften melden sich zu Wort/Mehr Demokratie wagen

Ihre Regierungsbeteiligung im Rahmen der Großen Koalition hatte das Verhältnis der SPD zu den Gewerkschaften mehr und mehr belastet.[68] Unter sozialdemokratischen Gewerkschaftern war deshalb die Neigung gewachsen, sich organisatorisch enger zusammenzuschließen, um die Interessen der Arbeitnehmer in der Partei besser zur Geltung bringen zu können. Der Vorsitzende der IG Metall, Otto Brenner, hatte die Bildung eines Arbeitnehmerflügels innerhalb der SPD gefordert, weil sich die Partei von den Gewerkschaften entfernt habe. Und so wurde im Juni 1967 in Rheinland-Pfalz und wenige Monate später auch in Hessen-Nord eine „Arbeitsgemeinschaft sozialdemokratischer Gewerkschafter" gegründet.[69]

Der SPD-Parteivorstand wandte sich entschieden gegen diese Ansätze einer Fraktionsbildung, setzte auf der anderen Seite jedoch alles daran, sich mit den Gewerkschaften zu arrangieren. Wie auf dem SPD-Parteitag in Nürnberg beschlossen, wurde ein Gewerkschaftsrat gebildet – ein Organ aus Parteiführung und sozialdemokratischen Gewerkschaftsvorsitzenden, das den Parteivorstand in gesellschaftspolitischen Fragen beraten sollte. Im Gewerkschaftsrat, der erstmals Mitte September 1968 zusammenkam, wurden die Gesetzentwürfe der SPD zur Mitbestimmung zwar ausführlich erörtert; aber verbindliche Zusagen, wie nach der Wahl weiter verfahren werden sollte, wollte der Parteivorstand nicht machen.

Dementsprechend machte Anfang September 1969 der neu gewählte DGB-Vorsitzende Heinz-Oskar Vetter unmissverständlich klar, dass die Mitbestimmung auf keinen Fall „auf dem Altar künftiger Koalitionsverhandlungen mit der FDP" geopfert werden dürfe.[70] Bereits bei seinem Amtsantritt im Mai 1969 hatte Vetter angekündigt, der DGB werde von seinen Forderungen „nicht um einen Millimeter" abrücken, und es könne „in gesellschaftspolitischen Fragen wie Vermögensbildung und Mitbestimmung keinen Kuhhandel geben".[71]

Die Debatte im Bundestag über die Gesetzentwürfe der SPD zur Mitbestimmung, wie sie Helmut Schmidt darlegte, konnte nicht darüber hinweg täuschen: Die Mitbestimmung gehörte keineswegs zu den vorrangigen politischen Fragen, derer sich die Parteien annahmen. Erleichtert konnte die Bundesvereinigung der Arbeitgeberverbände feststellen, dass die SPD zwar initiativ geworden war, „die Dringlichkeit dieses Anliegens aber zurücknahm und auch in ihrer Wahlstrategie diesem Problem keine Priorität mehr einräumte".[72] Diese Erkenntnis hinderte die BDA jedoch nicht, die Öffentlichkeit mit einer Broschüre, die sie in 80.000 Exemplaren verteilte, vor den schädlichen Folgen der sozialdemokratischen Mit-

bestimmungsforderungen zu warnen. Weiterhin präsentierten die Arbeitgeber in einer Auflage von 65.000 Exemplaren „Unternehmerische Argumente gegen die gewerkschaftliche Mitbestimmung". Und sie antwor-
teten in großen Anzeigen auf die Kampagne des DGB, der seinerseits die
„Unternehmerwillkür" anprangerte und zur Durchsetzung seiner Mitbestimmungsforderungen sogar mit Streiks drohte.

Der DGB hatte noch im November 1968 zusätzliche finanzielle Mit-
tel in Höhe von zwei Millionen DM bereitgestellt, um seine Kampagne
für die Mitbestimmung in den kommenden Monaten auszuweiten und zu
vertiefen.[73] Mit Anzeigenserien in der regionalen Tagespresse sowie in
den großen überregionalen Zeitungen wurde ab März 1969 intensiv für
die gewerkschaftlichen Forderungen geworben.[74] Dabei suchte der DGB
Erfahrungen aus früheren Aktionen sozialwissenschaftlich auszuwerten
und für sich zu nutzen.[75] Auch der 1. Mai stand unter dem Motto „Die
Zukunft gewinnen – Mitbestimmen" und war ganz darauf abgestellt, die
Arbeitnehmer auf die gewerkschaftliche Kampagne einzustimmen.

Dass sich die Parteien trotzdem zurückhielten, wertete die BDA tri-
umphierend als einen „Mißerfolg" der Gewerkschaften, deren Ziele überhaupt nicht zeitgemäß seien, „sondern trotz aller verbalen Anpassungs-
techniken ein Residuum des Klassenkampfes, das an den modernen Bedingungen der pluralistischen Gesellschaft und den Intentionen ihrer Bürger
vorbeigeht".[76] Den Gewerkschaften ginge es einzig und allein darum, ihre Macht auf Kosten der einzelnen Arbeitnehmer in den Betrieben zu

Der Arbeitnehmerflügel der SPD schließt sich zusammen: Herbert Wehner (Mitte) und
Walter Arendt auf der Bundesarbeitnehmerkonferenz der SPD in Schweinfurt 1970

Belegschaftsversammlung bei den Hanni-Werken in Hamburg. Firmenchef Kurt A. Körber kündigt innerbetriebliche Maßnahmen zur Demokratisierung an. März 1969

stärken und politische Konflikte in die Unternehmen hineinzutragen – Konflikte, die ihren inneren Frieden stören und damit ihre wirtschaftliche Leistungsfähigkeit beeinträchtigen.

Die Belegschaften melden sich zu Wort

Die Gewerkschaften waren vor allem bestrebt, das Montanmitbestimmungsmodell, das sich nach ihrer Überzeugung glänzend bewährt hatte, auf die großen Unternehmen der anderen Branchen auszuweiten. Dadurch aber erweckten sie den Eindruck, als hielten sie starr an alten Forderungen fest, ohne zu berücksichtigen, dass sich vor allem durch den technischen Wandel inzwischen manches verändert hatte. Recht zaghaft wurde die Diskussion in den Gewerkschaften über eine konzeptionelle Weiterentwicklung und zeitgemäße Anpassung des Mitbestimmungsproblems geführt.

Das in der IG Metall entwickelte Konzept der Mitbestimmung am Arbeitsplatz zielte zwar darauf, die einzelnen Beschäftigten oder kleinere Belegschaftsgruppen selbst in die Gestaltung ihrer unmittelbaren Arbeitsbedingungen einzubeziehen, anstatt diese Aufgaben an Repräsentativorgane zu delegieren.[77] Dieses Konzept einer Mitbestimmung am Arbeitsplatz stieß aber nicht nur bei den Arbeitgebern auf Ablehnung, die davon ausgingen, dass diese *laboristische* Auffassung *„eine perfekte, gesetzlich geregelte Parlamentarisierung der Entscheidungsprozesse im Betrieb zum Ziel und die Lähmung des Arbeits- und Wirtschaftsablaufs zur Folge"* habe;[78] es wurde auch in den Gewerkschaften verworfen.[79] Letztere fürchteten, durch Konkurrenzeinrichtungen neben den Betriebsräten und gewerkschaftlichen Vertrauensleuten Macht einzubüßen, und sahen durch arbeitsplatznähere Institutionen der Mitbestimmung syndikalistische, rein betriebsbezogene Tendenzen gefördert.[80] Eine Welle spontaner Streiks breitete sich im September 1969 – ausgehend von Montanbetrieben im Ruhrgebiet – rasch über das ganze Land aus. Die Streiks nährten die Sorge, die Belegschaften, die über den laufenden Tarifvertrag hinaus Lohnverbesserungen durchsetzen[81] wollten, könnten der gewerkschaftlichen Führung entgleiten. Insgesamt rund 140.000 Arbeiter aus 69 größeren Betrieben hatten an den gewerkschaftlichen Gremien und den Mitbestimmungsorganen vorbei selbst die Initiative ergriffen.[82]

Nach Ansicht der Arbeitgeber war damit die *„Legende von einer ‚Bewährung der Mitbestimmung'"* wie eine Seifenblase zerplatzt, da sie den sozialen Frieden nicht wie versprochen sichern könne.[83] Diejenigen linken Kräfte, die sich von einer Mitbestimmung am Arbeitsplatz versprachen, die gewerkschaftliche Basis im Sinne einer antikapitalistischen Strategie zu mobilisieren und die Gewerkschaften von einem „Ordnungsfaktor" zu einer „Gegenmacht" umgestalten zu können,[84] hatten Auftrieb erhalten. Sie schienen die Behauptung der Arbeitgeber vom Rückfall in den Klassenkampf zu bestätigen.

Um das Risiko eigenmächtigen Handelns einzelner Belegschaften künftig so gering wie möglich zu halten, sahen sich die gewerkschaftlichen Führungsgremien gezwungen, die Mitglieder stärker in die Organisation einzubinden.[85] Betriebsnahe Formen gewerkschaftlicher Politik wurden stärker als zuvor mit Skepsis betrachtet, und arbeitsplatzbezogene Mitbestimmungskonzepte gerieten umso mehr in Verdacht, radikale Kräfte zu begünstigen. Allerdings glaubte der DGB, die Unruhe und Kampfbereitschaft unter den Arbeitnehmern nutzen zu können, und kündigte an, seine Mitglieder gegebenenfalls *„zum aktiven Protest"* aufzurufen, um der Forderung nach Mitbestimmung Nachdruck zu verleihen, wobei *„auch Streiks"* in Erwägung erzogen wurden.[86]

Wahlsieg 1969: „Mehr Demokratie wagen"

Der Ausgang der Bundestagswahl Ende September 1969 verschaffte der SPD klare Stimmengewinne, auch wenn sie hinter der CDU/CSU nach wie vor zweitstärkste Fraktion blieb, und machte den Weg frei für die sozialliberale Koalition unter Willy Brandt.[87] Unter dem Motto „Wir wollen mehr Demokratie wagen" stellte Brandt in seiner Regierungserklärung zwar ein umfassendes Reformprogramm in Aussicht, blieb in seinen Ausführungen zur Unternehmensmitbestimmung aber ausgesprochen einsilbig. Er versprach lediglich, dass der zu erwartende Bericht der eingesetzten Kommission *„geprüft und erörtert"* werde.[88] Die Sozialdemokraten hatten der FDP in der Koalitionsvereinbarung zusagen müssen, auf eine Ausweitung der Unternehmensmitbestimmung in den Aufsichtsräten zu verzichten; dafür sollte einer Novellierung des Betriebsverfassungsgesetzes und einer Neufassung des Bundespersonalvertretungsgesetzes nichts im Wege stehen.

Schon auf dem Freiburger Parteitag im Januar 1968 hatte die FDP eine Ausweitung der qualifizierten Mitbestimmung entschieden abgelehnt,[89] und auch im Wahlkampf hatte sie diese Position besonders herausgestellt. Walter Scheel, ihr Vorsitzender, erklärte unumwunden, dass die SPD schon die absolute Mehrheit erringen müsse, um ihre Mitbestimmungsvorstellungen durchzusetzen. Neben einer gesetzlichen Regelung zur Vermögensbildung in Arbeiternehmerhand sprach sich Scheel für ein Modell aus, nach dem die Aufsichtsräte jeweils zu einem Drittel aus Vertretern der Kapitaleigner, der Arbeitnehmer sowie der leitenden Angestellten zusammengesetzt sein sollten: *„Denn das Management, dem die entscheidende unternehmerische Initiative zukommt, muß – wie in den USA, wo das ja sehr gut funktioniert – auch in den Aufsichtsgremien gleichberechtigt vertreten sein."*[90] Damit war ein wesentlicher Konfliktpunkt der künftigen Auseinandersetzungen vorgezeichnet.

Gegen die Ausklammerung der paritätischen Mitbestimmung aus dem Regierungsprogramm erhoben die Gewerkschaften keinen Protest. Mit ihrem Stillhalten hofften sie, sich die Regierung gewogen zu halten, so dass zentrale gesellschaftspolitische Anliegen wie die überfällige Novellierung des Betriebsverfassungsgesetzes in ihrem Sinne verwirklicht werden könnten. Nach Vorlage des Berichts der Biedenkopf-Kommission käme die Frage der Unternehmensmitbestimmung sowieso wieder auf die politische Tagesordnung.

Sozialliberale Koalition

Nach der Bundestagswahl 1969 verfügte die SPD, die 224 Sitze und 42,7 Prozent der Stimmen erhalten hatte (ein Plus von 3,4 Prozent gegenüber 1965), gemeinsam mit der FDP, die auf 5,8 Prozent gekommen war (ein Minus von 3,7 Prozent) und nur noch 30 Mandate innehatte, über eine knappe Mehrheit vor der CDU/CSU; diese hatte 46,1 Prozent der Stimmen auf sich vereinigt (ein Minus von 1,5 Prozent) und stellte 242 Abgeordnete.

Die Mitbestimmung wird wegen der FDP ausgeklammert: Erste sozialliberale Koalitionsverhandlungen im September 1969. Karl Schiller, Walter Scheel (Mitte) und Willy Brandt

„Ein geringes Übergewicht der Vertreter der Anteilseigner sollte beibehalten werden." Prof. Kurt Biedenkopf präsentiert am 21. Januar 1970 die Empfehlungen der Sachverständigenkommission.

DAS VOTUM DER SACHVERSTÄNDIGEN
1970: Der Bericht der Biedenkopf-Kommission/
Reaktionen auf das Gutachten

Im Januar 1970, zwei Jahre nach ihrer Konstituierung, legte die Kommission unter Leitung des Bochumer Arbeits- und Wirtschaftsrechtlers Prof. Kurt Biedenkopf ihr Gutachten vor.[91] Zwei Jahre lang hatten neun Kommissionsmitglieder und Professoren – vier Juristen, vier Volkswirtschaftler und ein Betriebswirtschaftler aber kein einziger Soziologe – in insgesamt 19 Arbeitssitzungen die Erfahrungen mit der Mitbestimmung ausgewertet. Ihnen standen jeweils drei Experten der Arbeitgeberverbände und der Gewerkschaften als Berater zur Seite. Die Kommissionsmitglieder hatten zunächst 55 Aufsichtsräte, Vorstandsvorsitzende, Arbeitsdirektoren und Betriebsräte in zwei- bis dreistündigen Gesprächen angehört. Daran anschließend war eine schriftliche Befragung durchgeführt worden, die sich auf 62 Unternehmen der Montanindustrie und 373 dem Betriebsverfassungsgesetz unterliegende Unternehmen erstreckt hatte; dabei waren insgesamt 1164 von 1350 versandten Fragebogen beantwortet worden. Unterstützt worden war die Kommission in ihrer Arbeit durch einen Mitarbeiterstab an der Ruhr-Universität Bochum, die die empirische Untersuchung organisatorisch durchführte genauso wie sie wissenschaftliche Vorarbeiten für den Endbericht machte.

In ihrem Gutachten beschränkte sich die Biedenkopf-Kommission allerdings nicht nur auftragsgemäß darauf, die *„bisherigen Erfahrungen mit der Mitbestimmung als Grundlage weiterer Überlegungen auf diesem Gebiet"* wissenschaftlich auszuwerten. Sie gab nicht nur Hilfen für die politische Entscheidungsfindung, sondern sprach selbst konkrete Empfehlungen aus, was den Spielraum der parlamentarischen Behandlung spürbar einengte.

Im empirischen Teil kam die Kommission zu dem Ergebnis, dass trotz gelegentlicher *„Verzögerungen des Entscheidungsprozesses bei Kapazitätsbeschränkungen oder Stillegungen"* gerade im krisengeschüttelten Bergbau *„von einer negativen Einflußnahme der Mitbestimmungsträger auf die unternehmenspolitische Planung der Unternehmensleitungen nicht gesprochen werden"* könne: *„Die Rationalität des Entscheidungsprozesses in allen für das Unternehmen wichtigen Fragen ist […] durch die Mitbestimmungsträger im Unternehmen nicht in Frage gestellt worden."* Wesentliche Einwände von Arbeitgeberseite gegen die *„Systemwidrigkeit"* der Montanmitbestimmung schienen damit entkräftet zu sein. Relativiert wurde diese positive Bewertung jedoch durch die Ansicht der Kommission, *„daß das Denken in sozialen Konsequenzen betrieblicher und unternehmenspolitischer Entscheidung inzwischen zum Allgemeingut unternehmerischen Verhaltens geworden ist".*[92] Bedurfte es dann noch der

Biedenkopf-Kommission

Mitglieder waren neben Prof. Kurt Biedenkopf die Professoren Kurt Ballerstedt (Bonn), Erich Gutenberg (Köln), Harald Jürgensen (Hamburg), Wilhelm Krelle (Bonn), Ernst-Joachim Mestmäcker (Bielefeld), Rudolf Reinhardt (Marburg), Fritz Voigt (Bonn) und Hans Willgerodt (Köln).

Berater der Kommission

waren Günter Apel (DAG), Ernst-Gerhard Erdmann (BDA), Wolfgang Heintzeler (BASF AG), Gisbert Kley (Siemens AG), Otto Kunze (DGB) und Wolfgang Spieker (IG Metall).

Montanmitbestimmung, um zu garantieren, dass Arbeitnehmerinteressen angemessen berücksichtigt werden?

Scheinbar im Gegensatz zur ihren empirischen Befunden, die die Kommission aus der Auswertung der Erfahrungen mit der Montanmitbestimmung gewonnen hatte und die den Schluss nahe legten, dass diese sich durchaus bewährt habe, schlug die Kommission ein davon abweichendes Modell vor. Zwar sprach sie sich dafür aus, den Anteil der Arbeitnehmervertreter in den Aufsichtsräten der Unternehmen über ein Drittel der Sitze hinaus, wie es das Betriebsverfassungsgesetz vorschrieb, anzuheben. Sie bestand aber auf der *„Beibehaltung eines, wenn auch geringen zahlenmäßigen Übergewichts der Vertreter der Anteilseigner“.*[93] Bei einem zwölfköpfigen Aufsichtsrat sollten den Anteilseignern sechs Sitze zustehen, den Arbeitnehmern vier, und die beiden übrigen Mitglieder sollten mit Zustimmung der Mehrheit sowohl der Anteilseignervertreter als auch der Arbeitnehmervertreter in das Gremium kooptiert werden.

Keine Aufsichtsratsausschüsse ohne Arbeitnehmer

Den Gewerkschaften wurde zudem kein Delegationsrecht eingeräumt, sie sollten die unternehmensfremden Arbeitnehmervertreter nur nominieren, die vorgeschlagenen Kandidaten müssten aber von den Arbeitnehmern des Unternehmens gewählt werden. Einen Arbeitsdirektor sahen die Empfehlungen der Kommission nicht vor. Als Ausgleich für das Übergewicht der Anteilseigner sollte es in den Aufsichtsräten keine Ausschüsse ohne Beteiligung der Arbeitnehmervertreter geben. Darüber hinaus sollte eine Begründungspflicht eingeführt werden, falls die Arbeitnehmervertreter überstimmt würden; es sollte die Verschwiegenheitspflicht der Aufsichtsratsmitglieder gegenüber den Betriebsangehörigen gelockert und die Berichterstattung der Unternehmensleitung über ihr Zusammenspiel mit der Arbeitnehmervertretung verbessert werden.

Dieses Modell sollte auf alle Kapitalgesellschaften mit mindestens 1000 oder sogar 2000 Beschäftigten Anwendung finden. Umsatz und Bilanzsumme waren nach Ansicht der Kommission dagegen keine geeigneten Kriterien, denn Mitbestimmung war in ihrem Verständnis *„kein Problem der Kapitalkontrolle oder der Machtkontrolle, sondern ausschließlich ein Problem der inneren Gestaltung des Unternehmens mit dem Ziel der Teilhabe der Arbeitnehmer am Willensbildungsprozeß im Unternehmen und ihres sozialen und rechtlichen Schutzes.“*[94] Ihre gesellschaftspolitische Bedeutung blendete die Biedenkopf-Kommission aus. Die *„politischen Motivationen der ursprünglichen Grundsatzentscheidung für eine Mitbestimmung der Arbeitnehmer“*, also gerade auch der Missbrauch wirtschaftlicher Macht zu politischen Zwecken, waren für sie denn auch

Auftrag erfüllt – die Biedenkopf-Kommission übergibt am 21. Januar 1970 im Kanzleramt das Gutachten.

nur noch Gesichtspunkte, *„die heute mehr historischen als praktischen Wert haben und deren Bemühung die Diskussion um eine sachgerechte Antwort auf die Mitbestimmungsfrage nur belasten kann."*[95]

Indem das Gutachten der Sachverständigenkommission die gesellschaftspolitischen Leitgedanken der gewerkschaftlichen Mitbestimmungsforderungen im Grunde als sachfremd oder gar ideologisch abtat, ließ es sich allerdings selbst von politisch-normativen Prinzipien leiten, nämlich denen eines ordoliberalen Wirtschaftsmodells. Oberste Prämisse war es, *„die Marktwirtschaft, die sich wegen ihres freiheitlichen Gehalts und ihrer wirtschaftlichen Effizienz empfiehlt, auch politisch zu sichern"*; die Mitbestimmung sollte dazu dienen, die Arbeitnehmer in diese marktwirtschaftliche Ordnung besser zu integrieren.

Und so heißt es: *„Es kann keinen Zweifel daran geben, daß die Marktwirtschaft auf Dauer nur bestehen wird, wenn sie von der Mehrzahl der Bürger, insbesondere den Arbeitnehmern mitgetragen und nicht nur als ein zur Zeit unabänderliches, aber vorübergehendes Übel betrachtet wird. Die institutionelle Mitbestimmung der Arbeitnehmer trägt dazu bei, daß ,die Wirtschaft' nicht als fremde Institution, sondern als Teil des eigenen Verantwortungsbereichs, die Dezentralisierung der Entscheidungen nicht als ,Chaos', sondern als Vorbedingung der eigenen Einflußnahme erfahren und verstanden werden."*

Insofern ging es auch weniger um wirksame Mitbestimmungsrechte als vielmehr darum, *„dem Arbeitnehmer das Gefühl des ,Ausgeliefertseins' an eine von ihm nicht beeinflußbare Leitungs- und Organisationsgewalt zu nehmen und es durch ein Gefühl der Mitwirkung und Mitbestimmung abzulösen."*[96] Ähnlich den Arbeitgeberverbänden, für die es im Wesentlichen eine Frage des innerbetrieblichen Führungsstils war, ging die Biedenkopf-

Kommission davon aus, *„daß eines der Hauptprobleme der Mitbestimmung in der sachgerechten Lösung der Autoritätsbeziehungen am Arbeitsplatz selbst besteht"*, die sich jedoch einer gesetzlichen Regelung entzieht.

Reaktionen auf das „Biedenkopf-Gutachten"

Den Arbeitgeberverbänden ging der Kommissionsbericht in der Zurückweisung gewerkschaftlicher Ansprüche nicht weit genug. Gleichzeitig begrüßten sie aber *„die einstimmige Ablehnung der paritätischen Mitbestimmung [...] sowie die Absage an die Institution des ‚Arbeitsdirektors'"*. Sie begrüßten auch, dass in diesem Konzept das *„öffentliche Interesse"* nicht in die Unternehmensorgane einbezogen wurde – durch Ablehnung *„einer Unterneh-*

> **»Der DGB begrüßt ‚die glänzende Rechtfertigung der paritätischen Mitbestimmung', bedauert aber gleichzeitig, dass die Parität nicht beibehalten werden soll.«**
>
> Reaktion des DGB auf das Biedenkopf-Gutachten

mensverfassung im Sinne eines ‚Drei-Bänke-Systems'" neben den Anteilseignern und Arbeitnehmern.[97] Gegenüber der Auswertung der Mitbestimmungserfahrungen, die die paritätische Mitbestimmung in einem positiveren Licht erscheinen ließ, als es aus Arbeitgebersicht vertretbar war, erhoben sie erhebliche methodische Bedenken, bei deren strikter Beachtung das Votum für die Aufrechterhaltung einer Mehrheit von Anteilseignervertretern im Aufsichtsrat *„notwendigerweise noch entschiedener ausgefallen"*[98] wäre. Statt die Montanmitbestimmung als mit marktwirtschaftlichen Prinzipien vereinbar zu charakterisieren, würden die Erfahrungen vielmehr zeigen, dass die Drittelparität, wie sie das Betriebsverfassungsgesetz vorschreibt, diesen ordnungspolitischen Grundsätzen viel eher entspräche.

Siehe Dokument „**DGB-Bundesausschuß nimmt zum Biedenkopf-Gutachten Stellung**" im zweiten Band, Seite 29

Der DGB begrüßte umgekehrt gerade den empirischen Teil des Berichts, da er *„eine glänzende Rechtfertigung der paritätischen Mitbestimmung"*[99] darstelle, und sah in ihren Ergebnissen *„eine eindrucksvolle Bestätigung für die Richtigkeit der gewerkschaftlichen Argumentation"*.[100] Umso mehr bedauerte er, *„daß sich die Kommission bei ihren Vorschlägen zur institutionellen Ausgestaltung der Mitbestimmung weder zur Anerkennung der Parität zwischen Arbeitnehmern und Kapitalgebern im Aufsichtsrat noch zur Institution des Arbeitsdirektors bekannt hat, obwohl ein solches Mitbestimmungsmodell die zwingende Folge aus den von der Kommission ermittelten Ergebnissen gewesen wäre."* Diesen Widerspruch zwischen der Auswertung der Mitbestimmungserfahrungen und den Empfehlungen der Kommission führte der DGB darauf zurück, dass die Sachverständigen offenbar doch nicht bereit waren, *„gewisse wirtschaftsliberalistische Ordnungsvorstellungen"*[101] aufzugeben. Alles in allem war die Diskussion nach Ansicht des DGB durch den Bericht der Kommission jedoch *„erheblich versachlicht und um neue, wesentliche Gesichtspunkte bereichert"*[102] worden. Damit hatten sich aus Sicht des DGB, die Voraussetzungen verbessert, die gewerkschaftlichen Mitbestimmungsforderungen nun endlich durchzusetzen.

Ähnlich sah es die SPD, die ihre Bundestagsfraktion deshalb Mitte Mai 1970 auf ihrem Parteitag in Saarbrücken aufforderte, *„durch geeignete gesetzgeberische Maßnahmen noch in der gegenwärtigen Legislaturperiode die Prinzipien der paritätischen Mitbestimmung soweit wie möglich zu verwirklichen"*.[103] Der Vorstand der Bundestagsfraktion und der DGB-Bundesvorstand verständigten sich jedoch darauf, der Reform des Betriebsverfassungsgesetzes und des Personalvertretungsgesetzes zunächst Vorrang einzuräumen, ohne das Ziel der qualifizierten Mitbestimmung aus dem Auge zu verlieren.[104] Wie der DGB-Vorsitzende Heinz-Oskar Vetter auf einer Arbeitnehmerkonferenz der SPD im Oktober 1970 erläuterte, wollten die Gewerkschaften die Zeit nutzen und sich verstärkt um die Aufklärung der Arbeitnehmer bemühen, *„so daß die Forderung nach der gleichberechtigten Mitbestimmung auf allen Ebenen eine noch größere Resonanz und Unterstützung findet und jeder einzelne sich voll damit identifiziert. Dann wird der Druck von unten nach Erfüllung dieser Forderung – dessen bin ich gewiß – so stark werden, daß die Verwirklichung durch niemanden länger verhindert werden kann [...]"*[105]

HEINZ-OSKAR VETTER

GEB. AM 21. OKTOBER 1917 IN BOCHUM, GEST. AM 18. OKTOBER 1990 IN MÜLHEIM/RUHR

Neben seiner Lehre als Maschinenschlosser im Bergbau setzte Heinz-Oskar Vetter seine Schulausbildung fort und machte 1939 das Abitur. Nach Wehrdienst und Kriegsgefangenschaft arbeitete er zwischen 1946 und 1949 als Grubenschlosser, trat der Gewerkschaft bei und engagierte sich als Vertrauensmann. Anschließend besuchte er die Akademie für Gemeinwirtschaft in Hamburg und wurde 1952 hauptamtlicher Sekretär bei der IG Bergbau. 1960 wurde er in den geschäftsführenden Vorstand gewählt; 1964 übernahm er das Ressort Mitbestimmung, Bildung und Personal bei der IG Bergbau und wurde darüber hinaus Stellvertreter des Vorsitzenden Walter Arendt. Im Mai 1969 wurde Heinz-Oskar Vetter als Nachfolger von Ludwig Rosenberg zum DGB-Vorsitzenden gewählt. Er wurde dreimal in seinem Amt bestätigt, dem er durch seine pointierten Meinungsäußerungen und Alternativvorschläge zu politischen Tagesfragen großes Ansehen verschaffte, und schied 1982 aus Altersgründen aus. Seit 1953 Mitglied der SPD, gehörte er von 1979 bis 1989 dem Europäischen Parlament an.

SPD-regierte Städte führen die paritätische Mitbestimmung in öffentlichen Versorgungsunternehmen ein. Die Bundesvereinigung der Arbeitgeber geht vor Gericht und stoppt die Mitbestimmungsoffensive der ÖTV.

DIE GEWERKSCHAFTEN LASSEN NICHT LOCKER
Vorstoß im öffentlichen Dienst / Sicherung der Montanmitbestimmung
Paritätische Mitbestimmung weiterhin „Forderung Nummer eins"

Die Gewerkschaften blieben jedoch auch in ihrer praktischen Politik nicht untätig. Bestärkt durch die Entschließung des SPD-Parteitags, *„in den kommunalen Betrieben die Mitbestimmung auf vertraglicher Basis zu erweitern"*[106], drängte die Gewerkschaft Öffentliche Dienste, Transport und Verkehr (ÖTV) mit ihrem Vorsitzenden Heinz Kluncker energisch darauf, die paritätische Mitbestimmung in den öffentlichen Versorgungsunternehmen einzuführen. Dies auch wenn das von ihr favorisierte Modell eher dem SPD- als dem DGB-Entwurf entsprach und dadurch für Spannungen im gewerkschaftlichen Lager sorgte.[107] In sozialdemokratisch geführten Großstädten wie Kiel, Wiesbaden, Frankfurt, Duisburg, Dortmund oder Hannover konnte auf diese Weise erreicht werden, dass den Arbeitnehmern durch Satzungsänderungen oder Stimmbindungsverträge zusätzliche Aufsichtsratsmandate übertragen wurden, um die Parität herzustellen.

Das rief den heftigen Widerstand der Mitbestimmungsgegner hervor. Um den in ihren Augen unzulässigen und rechtlich unhaltbaren Versuch zu verhindern, *„eine bundeseinheitliche Regelung zugunsten der Parität zu präjudizieren"*, ging die Bundesvereinigung der Arbeitgeberverbände mit allen ihr zur Verfügung stehenden Mitteln dagegen vor und trug so mit dazu bei, dass die gewerkschaftlichen Mitbestimmungsvorstöße gestoppt und gerichtlich überprüft wurden.[108] Unterstützt wurde sie dabei auch von dem Rechtswissenschaftler Kurt Biedenkopf, der mehr und mehr die *„Rolle eines Obergutachters von technokratisch-platonischer Qualität"*[109] übernahm – wie die Gewerkschaftlichen Monatshefte befanden –, indem Biedenkopf schwerwiegende Einwände gegen die Rechtmäßigkeit der paritätischen Mitbestimmung in öffentlichen Betrieben erhob.[110] Diese juristischen Bedenken verfehlten nicht ihre Wirkung und wurden selbst von sozialdemokratischen Politikern geteilt, so dass die BDA mit großer Befriedigung feststellen konnte, dass die Gewerkschaften *„nicht die gewohnte uneingeschränkte Unterstützung der SPD"*[111] fänden.

Sicherung der Montanmitbestimmung

So sehr sich die Mitbestimmungsoffensive der ÖTV schließlich in den Fallstricken juristischer Auseinandersetzungen verfing, so erfolgreich konnte andererseits verhindert werden, dass der Geltungsbereich der bestehenden Montanmitbestimmung weiter schwand. Schon seit 1967 hatten die Gewerkschaften versucht, über das Mitbestimmungssicherungsgesetz hinaus die qualifizierte Mitbestimmung für alle Unternehmen, deren

Montananteil am Gesamtumsatz unter 50 Prozent gefallen war, für eine Frist von fünf Jahren zu erhalten – in der Hoffnung, in der Zwischenzeit ein Mitbestimmungsgesetz für alle Kapitalgesellschaften erreicht zu haben.[112] Mit Hinweis auf die Biedenkopf-Kommission war dieser Gesetzentwurf der IG Metall trotz allem Insistieren ihres Düsseldorfer Zweigbüros nicht weiter behandelt worden.

Und so nahm sich schließlich im Frühjahr 1970, als sich abzeichnete, dass die Verabschiedung eines Mitbestimmungsgesetzes noch eingehenderer Prüfung und längerer Beratung bedurfte, das Bundesarbeitsministerium unter dem Sozialdemokraten und ehemaligen Vorsitzenden der IG Bergbau und Energie, Walter Arendt, der Problematik an. Arendt legte im Dezember einen eigenen Gesetzentwurf vor, der die Montanmitbestimmung in allen Unternehmen sicherte, solange ihre Montanquote in fünf aufeinander folgenden Jahren nicht unter 40 Prozent sinkt. Diesem Mitbestimmungsfortgeltungsgesetz, das nach Ansicht der Arbeitgeber und der BDA *„faktisch doch eine Ausweitung der geltenden Montanmitbestimmung"* darstellte und deshalb vehement bekämpft wurde,[113] stimmten im September 1971 beide Regierungsparteien geschlossen zu – auch die mitregierende FDP, die früher noch ähnliche Bestrebungen kategorisch abgelehnt hatte.

Wie weit geht die FDP in der Mitbestimmung?

Von einem grundsätzlichen Einstellungswandel konnte aber bei der FDP nicht die Rede sein, auch wenn die BDA die liberale Partei immer wieder kritisierte und ihr vorhielt, marktwirtschaftlichen Grundsätzen

WALTER ARENDT
GEB. AM 17. JANUAR 1925 IN HEESSEN/WESTFALEN, GEST. AM 7. MÄRZ 2005 IN BORNHEIM

Nach Ausbildung und Tätigkeit im Bergbau war Walter Arendt zunächst im Arbeitsdienst, anschließend beim Militär und kehrte 1946 aus französischer Kriegsgefangenschaft zurück. Zwischen 1947 und 1949 besuchte er die Akademie der Arbeit in Frankfurt sowie die Akademie für Gemeinwirtschaft in Hamburg.
Danach wurde er von der IG Bergbau angestellt – zunächst in der Presseabteilung. Bereits 1955 – also mit 30 Jahren – wurde Walter Arendt Mitglied im geschäftsführenden Vorstand und 1964 zum Vorsitzenden der IG Bergbau gewählt. 1969 trat er von diesem Amt zurück, um Arbeitsminister in der sozialliberalen Bundesregierung zu werden. Seit 1946 Mitglied der SPD, war er 1961 erstmals in den Bundestag gewählt worden, außerdem Abgeordneter im Europäischen Parlament. Seinen Wahlkreis hatte er immer wieder erfolgreich verteidigen können und war 1968 in den Bundesvorstand, später auch in das Präsidium der Partei aufgerückt. Nach der Wahl 1976 wurde er nicht erneut Arbeitsminister. Seine Hoffnung, Nachfolger von Heinz Kühn als Ministerpräsident in Nordrhein-Westfalen zu werden, erfüllte sich jedoch nicht.

nicht ausreichend Rechnung zu tragen. Dank ihres Einflusses konnte nach Ansicht der Arbeitgeber zwar „*die totale Vergewerkschaftlichung und Politisierung der Betriebe*"[114] bei der Novellierung des Betriebsverfassungsgesetzes vermieden werden. Aber in der Frage der Unternehmensverfassung bekannte sich die FDP anscheinend nicht mehr klar und eindeutig für eine Mehrheit der Anteilseigner in den Aufsichtsräten der Kapitalgesellschaften. Selbst das nach dem nordrhein-westfälischen Wirtschaftsminister benannte „Riemer-Modell", das die FDP auf ihrem Freiburger Parteitag im Oktober 1971 verabschiedete, fand nicht das Wohlwollen der Arbeitgeber, sondern rief bei ihnen grundsätzliche Bedenken hervor.

ÖTV-Chef Heinz Kluncker marschiert vorne weg:
1971 mit FDP-Innenminister Hans-Dietrich Genscher

Nach dem „Riemer-Modell" sollte die Hälfte der Aufsichtsratssitze den Anteilseignern vorbehalten bleiben – mehr als nach dem in der Abstimmung knapp unterlegenen „Maihofer-Modell", das den leitenden Angestellten quasi die Rolle eines Schiedsmann zuwies –, vier der insgesamt zwölf Sitze sollten den Arbeitnehmern zustehen, und zwei sollten den leitenden Angestellten zugesprochen werden.

Der DGB lobte die programmatische Neuorientierung der FDP als *„Wiederentdeckung des sozialen Liberalismus"*[115,] kritisierte allerdings, dass diese *„auf halbem Wege stehen geblieben"* sei.[116] Ganz abgesehen davon, dass die Liberalen in ihrem Mitbestimmungsmodell den Gewerkschaften das Delegationsrecht absprachen, konnte von einer wirklichen Parität so

Als „Wiederentdeckung des sozialen Liberalismus" lobt
der DGB die programmatische Neuorientierung der FDP.

Der Faktor „Disposition"
Nach dem Urteil des Bundesarbeitsgerichts vom 24. März 1974 wurden schließlich all jene zu den leitenden Angestellten gerechnet, die unternehmerische Funktionen wahrnahmen.

lange nicht die Rede sein, wie den leitenden Angestellten eine eigene Vertretung eingeräumt würde. Die Arbeitnehmerseite würde nicht nur durch diese Spaltung geschwächt; je nach Definition dieses dritten Faktors „Disposition" neben „Arbeit" und „Kapital"[117] würde auch die Anteilseignerseite noch über ihre direkten Mandate hinaus zu Lasten der Arbeitnehmerseite gestärkt. Ein Kompromiss schien auf dieser Basis kaum möglich, zumal die parlamentarische Mehrheit der Regierungskoalition zusehends dahinschmolz. Neben drei FDP-Abgeordneten, darunter der

Reformparteitag der FDP 1971: Karl-Hermann Flach und Werner Maihofer, die Architekten des Freiburger-Programmes (links), rechts Parteivorsitzender Walter Scheel

frühere Parteivorsitzende Erich Mende, die sich von vornherein gegen ein Bündnis mit der SPD gewandt hatten, trat im Januar 1972 auch der SPD-Abgeordnete und stellvertretende Bundesvorsitzende der Vertriebenen, Herbert Hupka, zur CDU/CSU über, so dass die Regierungskoalition nur noch über eine hauchdünne Mehrheit von zwei Mandaten verfügte. Damit durfte der Koalitionsfriede zwischen SPD und FDP also nicht noch weiter gefährdet werden.[118]

Parität weiterhin „Forderung Nummer 1"

Das hielt die Gewerkschaften nicht davon ab, weiterhin ihre Position offensiv in der Öffentlichkeit zu vertreten. Insbesondere nach Verabschiedung des novellierten Betriebsverfassungsgesetzes, das im Januar 1972 in Kraft trat, wandten sie sich wieder verstärkt der Forderung nach einer Ausweitung der paritätischen Mitbestimmung zu. So versicherte Heinz-Oskar Vetter auf dem Bundeskongress des DGB Ende Juni 1972 in Berlin: *„Die Mitbestimmung der Arbeitnehmer und ihrer Gewerkschaften ist* *und bleibt unsere Forderung Nr. eins! […] Der DGB hat diese Forderung nicht zurückgestellt! Von Resignation kann keine Rede sein!*"[119] Die Neuwahlen zum Bundestag, die nach dem gescheiterten Misstrauensvotum gegen Willy Brandt Ende April anberaumt worden waren, bestärkten die Gewerkschaften noch darin, ihre Ansprüche anzumelden. Sie drängten auf eine gesetzliche Regelung in der kommenden Legislaturperiode. Die Mitbestimmung war *„Wahlprüfstein Nr. 1"* des DGB,[120] und wenige Tage vor der Wahl erklärte der Vorsitzende der IG Metall, Eugen Loderer, unmissverständlich: *„Weder durch die freidemokratischen ‚Drei-Faktoren-Modelle' […] noch durch Scheinlösungen, wie sie uns Herr Biedenkopf in seinem Gutachten angeboten hat, ist die IG Metall zufriedenzustellen. Es ist einfach Zeit zum Handeln, das wird jeder neuen Bundesregierung von uns eindeutig klargemacht werden."*[121]

Auch die Arbeitgeberverbände erwarteten, dass über die Mitbestimmung in der kommenden Legislaturperiode nun definitiv entschieden werde. Allerdings sahen sie ihre Interessen politisch immer weniger vertreten. Ihre *„Zweifel an der System-Konformität des tragenden Wollens der Koalition"*[122] waren gewachsen, und die Bundesrepublik steuerte in ihren Augen immer rasanter auf eine *„kollektivistische"*, nicht mehr freiheitlich-

„Wir können nicht länger schweigen": Verleger Axel Caesar Springer, Arbeitgeberverbandschef Hanns-Martin Schleyer, Daimlervorstand Heinz Schmidt (von links)

marktwirtschaftliche Gesellschaftsordnung zu.[123] Bereits im November 1971 waren zahlreiche Unternehmer mit der Anzeigekampagne „Wir können nicht länger schweigen" an die Öffentlichkeit getreten, und je näher schließlich die Neuwahlen rückten, desto aggressiver wurden die Töne, bis hin zu der demagogischen Unterstellung: *„Das Privateigentum an den Produktionsmitteln und an Grund und Boden soll sozialisiert werden – durch offene Enteignung oder stufenweise, über Mitbestimmung. Das nennt man dann ‚Demokratisierung'. Zwischen einer solchen Gesellschaftsordnung und dem Kommunismus gibt es keine Unterschiede mehr."*

> **»Das Privateigentum an den Produktionsmitteln soll sozialisiert werden durch offene Enteignung oder stufenweise über Mitbestimmung.«**
>
> Anzeigenkampagne der BDA

Die BDA war nicht nur von der FDP enttäuscht, deren Mitbestimmungsmodell *„ein wesentliches Element der marktwirtschaftlichen Ordnung, nämlich die entscheidende Legitimation der Unternehmensleitung durch das Eigentum, preis(gibt)"*[124]. Auch das Konzept, das die CDU auf ihrem Düsseldorfer Parteitag im Januar 1971 verabschiedet hatte und im Oktober 1972 auf ihrem Parteitag in Wiesbaden in ihr „Regierungsprogramm" aufnahm, entsprach nicht ihren Vorstellungen, obwohl die CDU-Sozialausschüsse unerwartet deutlich unterlegen waren. Nach diesem vom CDU-Wirtschaftsrat inspirierten Modell sollten die Aufsichtsräte im Verhältnis von 7 zu 5 zwischen Anteilseigner- und Arbeitnehmervertretern besetzt werden.[125] Die BDA würdigte zwar die *„klare Absage an den Gedanken einer paritätischen Mitbestimmung"*, erhob jedoch ernsthafte Bedenken gegen die *„Verstärkung der Arbeitnehmerposition im Aufsichtsrat bis unmittelbar unter die Paritätsgrenze"*.[126] Zugute hielt sich die BDA allerdings *„die relativ geringe Resonanz, die speziell die gewerkschaftliche Mitbestimmung im Aufsichtsrat in der breiten Öffentlichkeit findet"*[127], so dass sie davon ausgehen konnte, von dieser Seite nicht mit größerem Druck, geschweige denn mit Arbeitskämpfen rechnen zu müssen.

Der Kompromiss steht: Sozialliberale Koalitionsgespräche über Mitbestimmung und Vermögensbildung am 19. Januar 1974 – Werner Maihofer, Hans-Dietrich Genscher, Heinz Kühn und Walter
Scheel. Rechts Willy Brandt und Walter Arendt

AUF DEM WEG ZU EINEM GESETZENTWURF
Nach dem Wahlsieg 1972: Sozialliberale Koalition unter Erfolgszwang
Parität oder Vorherrschaft des Kapitals / Suche nach Kompromiss

Der Ausgang der Bundestagswahl vom 19. November 1972 stärkte die sozialliberale Koalition. Sie verfügte jetzt über eine stabile Mehrheit von 271 Sitzen gegenüber 230 der Opposition. Dass ihr lang gehegter Wunsch nach Ausweitung der paritätischen Mitbestimmung – in welcher konkreten Form auch immer – nun endlich verwirklicht werden könnte, erschien den Gewerkschaften umso wahrscheinlicher, als 53,4 Prozent der Abgeordneten im Deutschen Bundestag gewerkschaftlich organisiert waren, allein 48,6 Prozent im DGB. Durch die Regierungserklärung von Willy Brandt am 18. Januar 1973 erhielt diese Hoffnung zusätzliche Nahrung. Brandt sagte: *„Den Ausbau der Mitbestimmung sehen wir als eine unserer Hauptaufgaben. Mitbestimmung gehört zur Substanz des Demokratisierungsprozesses unserer Gesellschaft. […] Wir werden das Unternehmensrecht im Sinne der Mitbestimmung der Arbeitnehmer in dieser Legislaturperiode weiterentwickeln. Jedermann weiß, daß es zwischen den Regierungsparteien unterschiedliche Auffassungen gibt; aber genauso, wie wir uns beim Betriebsverfassungsgesetz verständigt haben, werden wir auch hier eine gemeinsame Lösung finden. Dabei gehen wir aus von dem Grundsatz der Gleichberechtigung und Gleichgewichtigkeit von Arbeitnehmern und Anteilseignern.“*[128]

Allerdings hatte die FDP schon unmittelbar nach der Wahl zu erkennen gegeben, dass sie einer Ausweitung der paritätischen Mitbestimmung, wie von den Gewerkschaften gefordert, auf keinen Fall zustimmen werde. Ganz unumwunden hatte der nordrhein-westfälische Landesvorsitzende Horst-Ludwig Riemer erklärt: *„Es gibt entweder das von der FDP auf dem Freiburger Parteitag verabschiedete Modell, oder es gibt in dieser Legislaturperiode überhaupt kein Modell.“*[129] Dieser Standpunkt war in seiner Unnachgiebigkeit zwar nicht aufrechtzuerhalten, zeigt aber, wie weit die Positionen der beiden Regierungsparteien in dieser Frage auseinander lagen. Mit ihrer Ankündigung, noch innerhalb der Legislaturperiode ein Mitbestimmungsgesetz zu verabschieden, hatte sich die Bundesregierung zugleich unter Erfolgszwang gesetzt und musste einen Kompromiss finden.

Parität oder Vorherrschaft des Kapitals

Dem DGB war klar: Unter diesen Umständen war an eine vollständige Erfüllung seiner Forderungen nicht zu denken.[130] Umso notwendiger war es, von vornherein die unverzichtbaren Punkte zu formulieren, von denen man auf keinen Fall abrücken wollte. Noch im Dezember 1972 legte der DGB-

Bundestagswahl 1972

Bei einer Rekordwahlbeteiligung von 91,1 Prozent verbesserte sich die SPD von 42,7 auf 45,8 Prozent der Stimmen, die FDP gewann 2,6 Prozentpunkte hinzu und erreichte 8,4 Prozent, während die CDU/CSU von 46,1 auf 44,9 Prozent zurückging.

Bundesvorstand auf einer Klausurtagung als seine Kernforderungen fest:
„– *Paritätische Besetzung des Aufsichtsrats;*
– *Keine Sonderrechte bestimmter Arbeitnehmergruppen, insbesondere der leitenden Angestellten;*
– *Gesetzlich zwingende Anwesenheit außerbetrieblicher Arbeitnehmervertreter, die von den Gewerkschaften entsandt werden;*
– *Die Wahl der betrieblichen Arbeitnehmervertreter sowie die Beratung über die Außerbetrieblichen muß bei den Betriebsräten liegen.*"[131]

Um diese Forderungen durchzusetzen, plädierten einige Gewerkschafter im DGB-Bundesvorstand dafür, nicht nur mit Partei- und Regierungsvertretern zu verhandeln, sondern gegebenenfalls auch „*öffentlichkeitswirksame Maßnahmen*" zu ergreifen, also außerparlamentarischen Druck auszuüben.[132] Die Bereitschaft, sich für die Ausweitung der Unternehmensmitbestimmung einzusetzen, war unter den Gewerkschaftsmitgliedern jedoch offenbar gering; sie waren trotz hoher Wertschätzung der Mitbestimmung ganz allgemein eher an tarif- und sozialpolitischen Verbesserungen interessiert.[133] Angesichts enormer Lohnprobleme, die durch hohe Preissteigerungsraten verschärft wurden und sich in zahlreichen „wilden", nicht gewerkschaftlich organisierten Streiks entluden,[134] wurde deshalb ein Aktionsplan zur Mobilisierung der Mitglieder für die Mitbestimmungsforderungen zurückgestellt.

Eine für den 16. Oktober 1973 in Aussicht genommene Großkundgebung wurde abgesagt.[135] Der DGB verstärkte stattdessen seine Bemühungen, seine haupt- und ehrenamtlichen Funktionäre zu schulen, damit sie die

Keine halbe Sachen! DGB-Vorsitzender Heinz-Oskar Vetter mit Arbeitsminister Walter Arendt auf der AfA-Konferenz in Duisburg, 19.10.1973

gewerkschaftlichen Vorstellungen zur Mitbestimmung sowohl gegenüber den Mitgliedern als auch in der Öffentlichkeit besser vertreten konnten.[136] Ab Herbst startete er eine breit angelegte Kampagne, führte Referentenseminare durch und stellte zu diesem Zweck unter dem Titel „Mitbestimmung jetzt – und keine halben Sachen" ausführliche Materialien in einer Auflage von 15.000 Exemplaren zur Verfügung.[137] Unterstützung erhielt der DGB durch die Arbeitsgemeinschaft für Arbeitnehmerfragen der SPD (AfA), die auf ihrer 1. Bundeskonferenz im Oktober 1973 in Duisburg, *„keinerlei Verständnis für Äußerungen führender sozialdemokratischer Politiker in der Öffentlichkeit, nach denen bestimmte Kompromisse anzustreben seien"*, hatten und *„in dieser Hinsicht Zurückhaltung und tatkräftigen Einsatz für das DGB-Mitbestimmungsmodell"* erwarteten.[138]

BDA warnt vor „Griff nach der Macht"

Auf der anderen Seite hatten auch die Arbeitgeberverbände noch einmal ihre unverzichtbaren Forderungen an jede Neuregelung der Unternehmensverfassung bekräftigt. Die BDA beschwor dramatisch die Gefahr eines Umsturzes und warnte – vor dem *„Griff nach der Macht"*, den die Gewerkschaften vorbereiteten: *„Ergebnis des hier versuchten Zangengriffs zur gewerkschaftlichen Beherrschung der Unternehmen wäre eine Wirtschaftsordnung, in der das private Unternehmertum nur noch in Restreservate verwiesen wäre, eine Gesellschaftsordnung, in der Pluralität und Individualität zu einem von den Gewerkschaften definierten Klasseninteresse und -bewußtsein eingeebnet würden, und eine Staatsordnung, in der die institutionelle Autorität des Staates sich der faktischen Übermacht der Gewerkschaften zu erwehren versuchen müßte."*[139]

Konkret forderte die Bundesvereinigung der deutschen Arbeitgeberverbände *„eine klare und institutionell abgesicherte Mehrheit der Eigentümervertreter"*. Darüber hinaus verlangte sie, mit der Mitbestimmung nicht *„die Berücksichtigung irgendwelcher öffentlicher ,Interessen' durch die Unternehmen zu erzwingen"*. Sie wollte lediglich *„sicherstellen, daß die berechtigten Interessen der Arbeitnehmer bei den sie berührenden Entscheidungen im Betrieb und im Unternehmen berücksichtigt werden"* – die Unternehmen also nur den Interessen der Anteilseigner und Unternehmensangehörigen verpflichtet sein würden. Und schließlich bestand die BDA darauf, zu den Aufsichtsräten nur Arbeitnehmervertreter zuzulassen, die *„vom Vertrauen der Belegschaft getragen"* würden, wobei *„eine ausgewogene Struktur der Arbeitnehmerseite im Aufsichtsrat"* zu gewährleisten sei, also auch der besonderen Stellung der leitenden Angestellten Rechnung getragen werden müsse.

Flügelkämpfe in der CDU, Bundesparteitag November 1973:
Die Sozialausschüsse – Katzer, Blüm – wollen Parität, ...

Um diese Position politisch durchzusetzen, suchten die Arbeitgeber vor allem das Gespräch mit der FDP. Von ihr versprach sich die BDA, am ehesten in ihrem Sinne auf das Gesetzgebungsverfahren einwirken zu können. In der CDU sah sie ihre Interessen schon deshalb nicht aufgehoben, weil sie als Oppositionspartei nur geringen Einfluss besaß, sieht man vom Bundesrat ab, in dem die unionsregierten Länder dominierten. Unter dem Druck der CDU-Sozialausschüsse, die damit drohten, in der Mitbestimmungsfrage eventuell sogar die SPD zu unterstützen,[140] beschloss die CDU zudem auf ihrem Hamburger Parteitag im November 1973 ein Mitbestimmungsmodell, das bei der BDA auf *„grundsätzliche Bedenken"* stieß. Denn das Mitbestimmungsmodell der CDU sah durchaus eine Parität von Eigentümer- und Arbeitnehmervertretern im Aufsichtsrat vor, auch wenn auf der Arbeitnehmerseite ein leitender Angestellter sitzen sollte.[141]

Auf der Suche nach einem Kompromiss

Siehe Dokument „**Werner Maihofer, Norbert Blüm und Friedhelm Farthmann über die Modelle der Parteien zur Mitbestimmung in Großbetrieben"** im zweiten Band, Seite 48

In dieser Situation, wo nach Kompromissen und Wegen gesucht wurde, eine gesetzliche Regelung zu finden, die eine tragfähige politische Mehrheit hinter sich zu scharen vermochte, schossen Mitbestimmungsmodelle wie Pilze aus dem Boden. Alle Parteien und ihre Flügel, die verschiedenen Verbände und Interessengruppen suchten sich mit eigenen Vorschlägen zu profilieren.[142] Der Wirtschaftsrat der CDU zählte im September 1973 siebzehn unterschiedliche Modelle. Heinz-Oskar Vetter geißelte diese *„pure Modellschreinerei"*, die mit all ihren Zahlenspielen und Finessen von dem entscheidenden Problem ablenke, nämlich von der zentralen Frage, *„wer die Macht im Betrieb ausübt"*.[143] Beide, die Gewerkschaften wie die BDA, waren sich unabhängig voneinander in einem Punkt einig: Beiden war klar,

… der CDU-Wirtschaftsrat und sein Vorsitzender
Philipp von Bismarck (rechts) sind Mitbestimmungsgegner.

dass sich die Auseinandersetzungen zwischen den Koalitionsparteien um
zwei Punkte drehen würden, nämlich *„einmal um die Beteiligung außerbetrieblicher Arbeitnehmervertreter"*, sprich das Delegationsrecht der Gewerkschaften, *„und zum anderen um die Einbeziehung der leitenden Angestellten als sogenannte dritte Kraft im Aufsichtsrat."*[144]

Die Koalitionsverhandlungen um die Mitbestimmung wurden im
September 1973 zunächst auf Expertenebene und anschließend zwischen den Spitzenvertretern aufgenommen. Sie mündeten am 19. Januar 1974 in einen Kompromiss, der drei Tage später von beiden Regie-
rungsfraktionen gebilligt wurde.[145] Er sicherte nominell die Parität im
Aufsichtsrat und kam damit dem Anliegen der Gewerkschaften nach,
berücksichtigte aber zugleich auch – wie von der FDP verlangt – den
Faktor „Disposition", indem den leitenden Angestellten ein Platz auf
der Arbeitnehmerbank eingeräumt wurde. Der FDP-Position wurde
auch insofern entsprochen, als alle Arbeitnehmervertreter einschließlich der außerbetrieblichen Vertreter durch ein Wahlmännergremium
gewählt und damit durch die Beschäftigten des Unternehmens demo-
kratisch legitimiert werden sollten. Zugleich kam man durch das konkrete Wahlverfahren der betrieblichen Arbeitnehmervertreter – durch
das Mehrheitswahlrecht und den fehlenden Minderheitenschutz – den
Forderungen der Gewerkschaften entgegen, die auf diese Weise ihren
Einfluss sichern konnten. Damit hatte sich die Koalition über wesentliche Eckpunkte einer gesetzlichen Regelung der Mitbestimmung geei-
nigt, auch wenn im Regierungsentwurf, der am 20. Februar 1974 vorgelegt wurde, noch punktuelle Änderungen zugunsten der Anteilseigner, insbesondere im Hinblick auf die Lösung von Patt-Situationen im
Aufsichtsrat, vorgenommen wurden.

Der Präsident der Bundesvereinigung der Arbeitgeberverbände, Hanns-Martin Schleyer, mobilisiert gegen den Regierungsentwurf zur Mitbestimmung, weil er „der gewerkschaftlichen Machtergreifung" Tür und Tor öffne.

IM STREIT DER MEINUNGEN
Aufschrei der Arbeitgeber / Die Gewerkschaften: Zwischen Annahme und
Ablehnung / Aktionen gegen die antigewerkschaftliche Kampagne

So froh die Regierungsparteien über den erzielten Durchbruch waren, dieser Kompromiss befriedigte weder die Gewerkschaften noch die Arbeitgeberverbände. Nach Ansicht der BDA war der Regierungsentwurf nichts anderes *„als die koalitionspolitische Umsetzung einer letztlich ideologisch und machtpolitisch motivierten Forderung der Gewerkschaften"*, der es an notwendigem Sachverstand mangele.[146] Sie wiesen ihn als *„marktwirtschaftsfeindlich, in ihren internationalen Auswirkungen wettbewerbsgefährdend und in ihren Zusammenhängen unannehmbar"* zurück. Und sie sahen sich in ihrem Urteil auch durch die überregionale Presse bestätigt und kritisierten die FDP, die von zentralen programmatischen Leitvorstellungen abgerückt sei. Die Patt-Situationen, die durch die paritätische Zusammensetzung des Aufsichtsrats heraufbeschworen würden, gefährdeten nach Überzeugung der BDA die Handlungsfähigkeit der Unternehmen.

Aufschrei der Arbeitgeber

Die Vorstellung eines *„Einigungszwangs"*, der zu einer sachgerechten Auflösung von Patt-Situationen führe, sei dagegen wirklichkeitsfremd und fördere lediglich faule Kompromisse, nämlich *„bei Sachentscheidungen das ‚Kompensationsgeschäft‘ und bei personellen Entscheidungen das Prinzip des Proporzes"*, also Entscheidungen, die mit der marktwirtschaftlichen Ordnung unvereinbar sind. Am Ende stünde *„eine politisierte Arbeitswelt"*, zumal das Wahlverfahren *„im Ergebnis alle Arbeitnehmervertreter im Aufsichtsrat einschließlich des Vertreters der leitenden Angestellten in die Abhängigkeit von der Gewerkschaft bringt"*. Dadurch, dass das Betriebsverfassungsgesetz schon die innerbetriebliche Mitbestimmung erheblich verstärkt habe, schaffe der Regierungsentwurf auch keine *„Parität, sondern Überparität"*. Die Macht der Gewerkschaften werde schließlich derart anwachsen, dass *„das gewerkschaftliche ‚Lohndiktat‘ an die Stelle der Tarifautonomie"* trete und selbst *„den Staat zu überwuchern"* drohe. Mehr noch, indem die Gewerkschaften weniger als Interessenvertreter gegenüber den Unternehmensleitungen auftreten, sondern selbst Teil der Unternehmensleitung werden, sei zu befürchten, *„dass hier ein Vakuum in der Interessenvertretung entsteht und dass letztlich immer stärker radikale Kräfte in dieses Vakuum eindringen"*.

Dieser verhängnisvollen Entwicklung Einhalt zu gebieten war für die Arbeitgeberverbände das Gebot der Stunde, und sie begleiteten die anstehenden parlamentarischen Beratungen deshalb mit einer groß angelegten

Innenminister Genscher lässt den Gesetzentwurf auf Verfassungsmäßigkeit prüfen. Rechts DIHT-Präsident Otto Wolff von Amerongen

öffentlichen Kampagne. Neben aktuellen Erklärungen und offiziellen Stellungnahmen machten sie in Referaten, Diskussionen und einer Vielzahl publizistischer Beiträge auf ihre schwer wiegenden Bedenken aufmerksam. Den Auftakt bildete eine Kundgebung unter dem Motto „Marktwirtschaft oder Gewerkschaftsstaat" am 26. März 1974 in Köln, zu der 3000 Teilnehmer aus dem gesamten Bundesgebiet anreisten. Die gezielten Störungen und Ausschreitungen, an denen auch gewerkschaftliche Gruppen beteiligt waren,[147] wertete die BDA dabei als Bestätigung ihrer Warnungen vor dem, was kommen würde, falls den Gewerkschaften noch mehr Macht zufiele.[148] Für den Fall, dass das Mitbestimmungsgesetz verabschiedet würde, kündigten die Arbeitgeberverbände im Übrigen eine Verfassungsklage an.

Siehe Dokument **„Hanns-Martin Schleyer, Unannehmbar!"** im zweiten Band, Seite 86

Die Alarmrufe der Arbeitgeberverbände vor dem drohenden „Gewerkschaftsstaat" verfehlten nicht ihre Wirkung auf große Teile der Presse und öffentlichen Meinung; zumal es im Februar 1974 im öffentlichen Dienst zum Streik gekommen war, an dem sich mehr als 300.000 Beschäftigte beteiligten und den öffentlichen Nahverkehr und die Müllabfuhr lahm legten,[149] gefolgt von einem dreiwöchigen Arbeitskampf der Metallarbeiter im Unterwesergebiet.[150] Das negative Erscheinungsbild, das von den Gewerkschaften gemalt wurde, wurde verstärkt vor dem Hintergrund gesamtwirtschaftlicher Krisenerscheinungen im Gefolge der Ölkrise 1973/74. Sie markierten den endgültigen Abschied von den Wirtschaftswunderjahren und den Übergang zu einer Periode nachlassenden Wachstums, hoher Arbeitslosigkeit und restriktiver Wirtschaftspolitik. Diese Zäsur wurde noch unterstrichen durch den Rücktritt des „Reformkanzlers" Willy Brandt Anfang Mai 1974 und den Wechsel zu dem „Macher" Helmut Schmidt.[151]

Gewerkschaften: Zwischen Annahme und Ablehnung

Bei den Gewerkschaften herrschte zwar Einigkeit darüber, dass der Regierungsentwurf zum Mitbestimmungsgesetz hinter den eigenen Erwartungen zurückblieb und viele Wünsche offen ließ. Aber angesichts der gegebenen Umstände gab es erhebliche Meinungsverschiedenheiten unter den führenden Funktionären, ob und wie der Koalitionskompromiss noch im Sinne der gewerkschaftlichen Forderungen geändert werden könnte. Der DGB, der von vornherein „schwerwiegende Mängel" in dem Gesetzentwurf entdeckte,[152] sah insbesondere die Gefahren, die mit der Sondervertretung der leitenden Angestellten im Aufsichtsrat verbunden wären.[153] Nicht nur, dass sie im Vergleich zu den übrigen Arbeitnehmergruppen überrepräsentiert wären und der „Anspruch von Standesorganisationen auf eine elitäre Sondervertretung" anerkannt und gestärkt würde. Da außerdem die leitenden Angestellten „in ihrer Haltung und ihrem Standort eher den Anteilseignern und Unternehmensvorständen zuzuordnen (sind) als den Arbeitnehmern und ihren Interessenvertretungen, Betriebsräten und Gewerkschaften", müsse man davon ausgehen, „daß in zahlreichen, wenn nicht in den meisten Fällen die paritätische Besetzung des Aufsichtsrats in Frage gestellt ist".

Darüber hinaus wurde bemängelt, dass die Anzahl und damit das Gewicht der außerbetrieblichen Arbeitnehmervertreter stark eingeschränkt würde, um „neben den Belegschaftsinteressen zugleich die übergreifenden

Stück für Stück ging die FDP daran, den Regierungskompromiss zur Mitbestimmung immer mehr aufzuweichen.

Arbeitnehmerinteressen zur Geltung zu bringen". Im Übrigen lehnte der DGB das Wahlmännerverfahren als „in höchstem Maße umständlich, zeitraubend und kompliziert" ab und bestand darauf, die Arbeitnehmervertreter durch die Betriebsräte wählen zu lassen bzw. die außerbetrieblichen Vertreter durch die Gewerkschaften nach Beratung mit den Betriebsräten zu entsenden. Beanstandet wurde auch, dass auf einen Arbeitsdirektor im Sinne der Montanmitbestimmung verzichtet werden sollte, so dass „in den zahlreichen Fällen ungesicherter Parität nicht mehr damit zu rechnen *(ist), daß Personen, die der Arbeitnehmerbank besonders verbunden sind, zu Arbeitsdirektoren berufen werden"*. Dadurch schließlich, dass das Mitbestimmungsgesetz nur auf Unternehmen mit mehr als 2000 Arbeitnehmern Anwendung finden sollte – ohne andere Kriterien wie Umsatz und Bilanzsumme zu berücksichtigen – fielen über 100 wirtschaftlich bedeutende Unternehmen aus der Regelung heraus, gerade in den Branchen der Energiewirtschaft, der Petrochemie, der Banken und Versicherungen.

Wie sollte der DGB auf diesen aus seiner Sicht unzureichenden Koalitionskompromiss reagieren? In dieser Frage schwankten die Gewerkschaften zwischen zwei Positionen: einer eher kämpferischen Position, ihn abzulehnen, solange die gewerkschaftlichen Kernforderungen nicht erfüllt werden, auch um den Preis, dass überhaupt kein Gesetz verabschiedet würde. Und einer eher pragmatischen Position, das zu akzeptieren, was unter den gegebenen Bedingungen politisch erreichbar war – mithin zu versuchen, noch einzelne Punkte zu korrigieren, doch auf jeden Fall größere Zugeständnisse machen zu müssen und ansonsten auf eine Novellierung in der Zukunft zu hoffen.[154] Wie Heinz-Oskar Vetter vor Betriebs- und Personalräten unterstrich, könnten die Gewerkschaften allerdings *„in dieser entscheidenden Frage nur eine einheitliche Sprache sprechen"*[155]. Bei aller grundsätzlichen Kritik hob der DGB-Bundesausschuss daher in seiner Erklärung zugleich die *„Ansätze für eine Neuordnung der Unternehmensver-*

Alarmrufe der Arbeitgeber vor dem drohenden Gewerkschaftsstaat: BDI-Tagung in Nordrhein-Westfalen

fassung" hervor, und ohne auch nur einen Millimeter von seinen ursprünglichen Forderungen abzuweichen, beauftragte er den Bundesvorstand, *„sich bei den Fraktionen für die Verwirklichung der gewerkschaftlichen Forderungen einzusetzen".*[156] Von Kundgebungen oder weiter gehenden Aktionen zur Unterstützung der Forderungen war nicht die Rede.

Der DGB setzte darauf, auf dem Verhandlungswege noch einzelne Verbesserungen zu erreichen. Zu mehr schienen bei realistischer Betrachtung die Voraussetzungen zu fehlen: *„Der Mitbestimmungs-Kompromiß geht an die Grenzen des parteipolitisch Machbaren. Diese Ausgangslage hätte nur verändert werden können, wenn die Gewerkschaften unter Einsatz ihres Machtpotentials noch in der Verhandlungsphase deutlicher gemacht hätten, welche Regelungen sie akzeptieren können und welche nicht",* so die Gewerkschaftlichen Monatshefte.[157]

Gegen die antigewerkschaftliche Kampagne

In dem Maße, wie es immer unwahrscheinlicher wurde, selbst kleine Änderungen durchzusetzen, ja im Gegenteil die Front der Mitbestimmungsgegner sich immer stärker formierte und ihrerseits den Kompromiss grundsätzlich in Frage stellte, wurde auch bei den Gewerkschaften der Ton schärfer und aggressiver. Stück für Stück ging die FDP daran, den

„Härtere Gangart": DGB-BDA-Spitzengespräch in Düsseldorf am 16. November 1973

Kompromiss immer mehr aufzuweichen, und damit nicht genug, ließ der Innenminister und stellvertretende FDP-Vorsitzende, Hans-Dietrich Genscher, sogar ein Gutachten erstellen, in dem nachgewiesen wurde, dass die paritätische Mitbestimmung angeblich verfassungswidrig sei.[158] Empört verwahrte sich der DGB dagegen, die Mitbestimmung *„mit juristischen Tricks"* verhindern zu wollen.[159] Die CDU/CSU, die über ihre Mehrheit im Bundesrat ebenfalls den Koalitionskompromiss angriff, reihte sich in die Reihen der Mitbestimmungsgegner ein und drängte die Gewerkschaften mehr und mehr in die Defensive.[160] Mit ihrer Hetzkampagne gegen den „Gewerkschaftsstaat", die die Gewerkschaften selbst in die Nähe verfassungsfeindlicher Organisationen rückte, goss die BDA weiteres Öl ins Feuer.

Nach Ansicht von Heinz-Oskar Vetter war die Panikmache und Verleumdung der Gewerkschaften durch die Arbeitgeberverbände *„nicht nur eine Verdrehung von Tatsachen, sondern auch eine Verdummung der Öffentlichkeit, aus der nicht nur Reformunwilligkeit, sondern der Geist blanker Restauration spricht".*[161] Die eigene Glaubwürdigkeit stand für ihn auf dem Spiel, und um die Angriffe auf die Mitbestimmungsforderungen der Gewerkschaften abzuwehren, reichten offenbar Appelle und Eingaben nicht aus: *„Mag uns auf den ersten Blick diese Verteufelung zornig machen, so wird sie uns wachrütteln und vor Illusionen schützen: Nur durch geschlossenes Handeln werden wir gesellschaftliche Fortschritte erreichen."*

Um der antigewerkschaftlichen Front der Mitbestimmungsgegner öffentlich entgegenzutreten, entschloss sich der DGB, am 7. Mai 1974 eine zentrale Großkundgebung in der Gruga-Halle in Essen durchzuführen. Unverhohlen drohte der DGB-Vorsitzende dort damit, *„eine härtere Gangart"* einzulegen;[162] man lasse sich weder einschüchtern noch *„in die*

»Jawohl, die Mitbestimmung ist eine Machtfrage, denn es geht um die Überwindung der ausschließlichen Unternehmermacht.«

DGB-Chef Heinz-Oskar Vetter, Rede am 7. Mai 1974 in Essen

Ecke des vaterlandslosen Gesellen drängen". Die Schreckensszenarien, die von den Arbeitgeberverbänden an die Wand gemalt würden, um die Gewerkschaften zu zwingen, sich zu fügen und unterzuordnen, förderten nur ihren Widerstand: *„Unsere Antwort auf politische Erpressungsmanöver dieser Art kann nur sein: Wer den Kampf will, soll ihn haben."* Er erinnerte an die Aufbauleistung der Gewerkschaften für die demokratische

Mitbestimmung-sozialer Fortschritt DGB

7. Mai 1974: Gegen die Arbeitgeberangriffe, für Mitbestimmung – Kundgebung in Essen

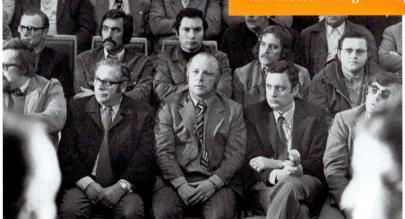

Gesellschaft nach dem Kriege, während er den Unternehmern umgekehrt vorhielt, Steigbügelhalter des Nationalsozialismus gewesen zu sein: *„Wir lassen uns nicht das Etikett verfassungsrechtlicher Unzuverlässigkeit ankleben. Und schon gar nicht von alten Nazis!"* Daran, dass es in der Auseinandersetzung um die Mitbestimmung im Kern einzig und allein darum ging, wie sich die Macht in der Gesellschaft verteilt, ließ er auf der Mitbestimmungskundgebung in Essen keinen Zweifel:

„Wer die Mitbestimmung als einen Schritt zum Gewerkschaftsstaat verteufelt, versucht, davon abzulenken, wie groß und entscheidend die Macht der Unternehmer heute noch ist. [...] Jawohl, die Mitbestimmung ist eine Machtfrage. Aber es geht nicht um den Aufbau irgendeiner Gewerkschaftsmacht. Sondern es geht um die Überwindung der ausschließlichen Unternehmermacht. [...] Freiwillig und von sich aus räumen die Unternehmer keine Handbreit ihrer Macht. Und freiwillig gewähren sie uns nichts – es sei denn, es nützt ihren eigenen Interessen."

WIR LASSEN UNS nicht länger trimmen ARBEITER müssen MITBESTIMMEN

Weg mit dem Regierungs – entwurf – Für die gewerkschaft- lichen Forderungen zur Berufsausbildung!

45.000 demonstrieren auf der Großkundgebung des DGB am 8. November 1975 in Dortmund für Mitbestimmung und gegen Arbeitslosigkeit.

AN DEN GRENZEN DES MÖGLICHEN
Gewerkschaften auf dem Rückzug / Verfassungsrechtler eröffnen
neues Kampffeld / Letzte öffentliche Appelle

Die kämpferische Rede und die offene Drohung des DGB-Vorsitzenden,
die Mitglieder zu Aktionen aufzurufen, konnten jedoch nicht darüber
hinwegtäuschen, dass die Gewerkschaften mit ihren unbeirrt vertretenen Forderungen alleine dastanden. Auf die SPD, die die Koalition auf
keinen Fall aufs Spiel setzen wollte, konnten sie nicht zählen. Auch die
Bereitschaft ihrer Mitglieder, sich für die Durchsetzung der gewerkschaftlichen Forderungen einzusetzen, war offenbar nicht groß genug,
um wirksamen politischen Druck auszuüben. Einzelne demoskopische
Umfragen, wie die des Instituts für angewandte Sozialwissenschaften
(INFAS) belegten zwar, dass vielen Arbeitnehmern die Mitbestimmung
ausgesprochen wichtig war;[163] aber die Voraussetzungen für demonstra-
tive Aktionen waren anscheinend nicht gegeben. Auf eine öffentliche
Kampagne gegen die vorgesehene Mitbestimmungsregelung verzichtete
der DGB denn auch.

    In der Bundestagsdebatte am 20. Juni 1974 warb Walter Arendt, der
Bundesarbeitsminister, bei den Gewerkschaften eindringlich für den
Kompromiss: *„Erstens: Der Entwurf bedeutet gegenüber dem, was heute
auf dem Feld der Mitbestimmung gilt, einen großen Fortschritt. Zweitens:
Er hat den unschätzbaren Vorteil, daß er auch politisch realisierbar ist.
[…] Auch wenn der Entwurf – und vielleicht auch das beschlossene Gesetz – ihren Forderungen nicht voll zu entsprechen vermag, so ist es doch
besser, das politisch Realisierbare heute zu schaffen, als auf ein ungewis-
ses ‚Morgen' zu vertrauen."*[164]

    Dem stimmten nicht nur einzelne Gewerkschaftsfunktionäre unter
den Abgeordneten zu, wie der Vorsitzender der IG Bergbau, Adolf Schmidt,
oder das Hauptvorstandsmitglied der IG CPK, Hermann Rappe. Auch
im DGB-Bundesvorstand war man sich weitgehend darin einig, dass ein
Beharren auf den Maximalforderungen nicht durchzuhalten sei.[165]

    Die Gewerkschaften gerieten immer stärker in die Defensive. Der
Druck, den Koalitionskompromiss weiter zugunsten der Arbeitgeber zu
revidieren, wuchs. Auf Antrag der Opposition beschloss der Bundestag,
Anhörungen durchzuführen, um vor den Beratungen in den Ausschüssen die Meinung von Sachverständigen zu den umstrittenen Problem-
komplexen einzuholen. Die erste Sitzung wurde für den 16. Oktober anberaumt, zwei weitere sollten am 4. und 7. November folgen. Hatten die
Gewerkschaften geglaubt, ihre Position noch einmal in aller Öffentlichkeit darstellen zu können, so mussten sie sich im Gegenteil neuer Angriffe erwehren.

Siehe Dokument „**Bundestagsdebatte vom 20. Juni 1974**" im
zweiten Band, Seite 88

Kompromiss

Der Gesetzentwurf, der 1974 im
Bundestag diskutiert wurde,
wurde auch der Maihofer/Arendt-
Kompromiss genannt.

Verfassungsrechtler eröffnen neues Kampffeld

Kurz zuvor wurden nämlich die Gutachten von zwei Verfassungsrechtlern bekannt, die der sozialdemokratische Justizminister Gerhard Jahn in Auftrag gegeben hatte. Sie waren unter Verschluss gehalten worden, da sie erhebliche verfassungsrechtliche Bedenken gegen den Regierungsentwurf im Hinblick auf Artikel 9 [Vereinigungsfreiheit] und Artikel 14 [Eigentum] des Grundgesetzes erhoben.[166] Damit war ein weiteres und – wie sich zeigen sollte – entscheidendes Feld eröffnet. Dieses wurde von den Mitbestimmungsgegnern genutzt, um den Koalitionskompromiss zu Fall zu bringen oder doch in zentralen Punkten zu verändern. Vor diesem Hintergrund wurde am 19. Dezember 1974 eine zusätzliche, vierte Anhörung durchgeführt, in deren Mittelpunkt die Verfassungskonformität des Regierungsentwurfs stand. Dabei blieben die Juristen, die die paritätische Mitbestimmung als mit dem Grundgesetz durchaus vereinbar erklärten, in der Minderheit, und die Arbeitgeberverbände triumphierten; sie werteten die Ergebnisse der Anhörung *„als eine vernichtende Kritik an dem Regierungsentwurf"*, die *„grundlegende und grundsätzliche Mängel"* aufgedeckt habe, *„die weder durch die Substanz verschonende Detailkorrekturen beseitigt werden können noch sich durch verfassungskonforme Auslegung überwinden lassen."*[167] Die vorgetragenen verfassungsrechtlichen Bedenken, die die Öffentlichkeit zweifellos beeindruckten, konnten auch durch die Bemühungen des DGB, andere Rechtsmeinungen aufzubieten, nicht zerstreut werden.[168]

»Die Anhörungen haben grundlegende und grundsätzliche Mängel am Regierungsentwurf aufgedeckt.«

Bundesvereinigung der Arbeitgeberverbände

Mit der verfassungsrechtlichen Diskussion verlagerte sich die Auseinandersetzung um die Mitbestimmung auf ein Gebiet, auf dem die Gewerkschaften benachteiligt waren.[169] Die rechtlichen Kontroversen waren den Arbeitnehmern in ihren spitzfindigen Argumentationen und komplizierten Beweisführungen nur schwer zu vermitteln und überdeckten mehr und mehr die gesellschaftspolitische Dimension des Konflikts. Die herrschende Meinung unter den Verfassungsrechtlern war zudem nicht auf der Seite der Befürworter der paritätischen Mitbestimmung; beson-

Sachverständige des DGB: Anhörung im Bundestagsausschuss am 4. November 1974 – Krupp-Vorstand Ernst Wolf Mommsen, IG-Metall-Vorstand Rudolf Judith und H.-O. Vetter (v. l.)

ders die FDP sah sich in ihrem Bemühen bestärkt, den Regierungsentwurf in den strittigen Punkten zu revidieren, um nicht Risiko zu laufen, bei einer Klage vor dem Bundesverfassungsgericht zu unterliegen.

Damit war die Verabschiedung des Gesetzes bis zum Ende der Legislaturperiode gefährdet; um sie doch noch sicherzustellen, musste die SPD der FDP weitere Zugeständnisse machen. Jede Einflussnahme von außen, die den Druck auf die Koalitionspartner erhöht und damit ihren Spielraum weiter eingeengt hätte – sei es Druck von Seiten der Arbeitgeberverbände oder der Gewerkschaften –, musste unter diesen schwierigen Umständen so weit wie möglich unterbunden werden. Aus diesem Grund beauftragte Bundeskanzler Helmut Schmidt die beiden Fraktionsvorsitzenden Herbert Wehner und Wolfgang Mischnick, ungestört in vertraulichen Gesprächen hinter verschlossenen Türen Kompromissmöglichkeiten auszuloten, um dann mit fertigen Ergebnissen an die Öffentlichkeit zu treten.

Letzte öffentliche Appelle

Mit Befriedigung registrierten die Arbeitgeber, dass der FDP-Vorsitzende auf dem Stuttgarter „Drei-Königs-Treffen" seiner Partei am 6. Januar 1975 die Notwendigkeit unterstrich, den Gesetzentwurf zu überprüfen. Dies vor allem im Hinblick auf das Wahlverfahren für die Arbeitnehmervertreter im Aufsichtsrat und die Letztentscheidung der Anteilseignerseite im Falle einer Patt-Situation.[170] In dieser Position sah sich die FDP gegenüber ihrem Koalitionspartner in dem Maße gestärkt, wie sie im Laufe

Besser auf das verwässerte Gesetz verzichten: AfA-Bundeskonferenz in Bremen mit Friedhelm Farthmann (rechts) und Helmut Rohde

des Jahres Erfolge bei Landtagswahlen – nicht zuletzt in Nordrhein-West-falen – verbuchen konnte. Die BDA vermutete, dass die größten Proble-me wohl darin bestehen würden, das in ihren Augen *„einseitig und mani-pulativ DGB-gewerkschaftsorientierte und minderheitsgruppenfeindliche Wahlverfahren"* durch das Prinzip der Urwahl und der Gruppenwahl zu ersetzen, während die Frage der Patt-Auflösung im Aufsichtsrat weniger Konfliktstoff erwarten ließ. Und sie sollte recht behalten.

Auch wenn die Arbeitgeber darauf vertrauen konnten, dass ihre In-teressen durch die FDP im Großen und Ganzen gewahrt würden – trotz ihres Wandels zu einer modernen, reformfreudigen Partei –, wurde die BDA nicht müde, weiter Stimmung gegen die Gewerkschaften und die paritätische Mitbestimmung zu machen. Mit einer bundesweiten Falt-blattaktion „In Sachen Mitbestimmung" warnte sie – quasi als Begleit-musik zu den Verhandlungen zwischen den Regierungsparteien – vor der absoluten Übermacht der Gewerkschaften, sollte der Regierungsentwurf in der vorliegenden Form verabschiedet werden.[171]

Intern beurteilte der DGB die Lage durchaus realistisch. Zwar wurde bemängelt, dass es die SPD bislang versäumt hatte, ihrerseits Änderungen einzufordern. Aber dass Abstriche von den gewerkschaftlichen Forde-rungen gemacht werden müssten, war den Verantwortlichen klar.[172] Am dringlichsten sollte verhindert werden, dass den leitenden Angestellten über ein verändertes Nominierungs- und Wahlverfahren eine Sonderstellung eingeräumt würde, die den Anteilseignern eine Mehrheit in den Aufsichtsräten ermöglichte. Eine *„Abstimmung mit wechselnden Mehrheiten"*, das heißt ein Bündnis mit den CDU-Sozialausschüssen, schloss der DGB aus, und er sah darin auch keinen gangbaren Weg, wesentliche Eckpfeiler seines Mitbestimmungsmodells zu retten.[173]

Angesichts dieser politischen Situation stellten sich die Verantwortlichen im Deutschen Gewerkschaftsbund bereits auf einen Kompromiss ein, der deutlich hinter ihren Erwartungen zurückblieb. Dennoch hielt der DGB – mehr resignierend denn insistierend – daran fest, dass er seinen Standpunkt *„unter allen Umständen solange vertreten wird, wie das Parlament über den Gesetzentwurf berät. Sollte das Gesetz in der vorliegenden Fassung verabschiedet werden, wird der DGB es zwar akzeptieren, aber dann auch überlegen müssen, wie er zu seiner weiteren Verbesserung beitragen kann."* Widerstand gegen eine unbefriedigende Koalitionslösung wollte er jedenfalls nicht leisten.

Trotz aller Anstrengungen, ihre Position zu behaupten, waren die Gewerkschaften politisch auf dem Rückzug und konnten nur noch hoffen, dass in den Verhandlungen zwischen den Koalitionsparteien vom Regierungsentwurf von 1974, den sie wegen seiner Halbheiten und Unzulänglichkeiten selbst hart kritisiert hatten, so wenig wie möglich aufgegeben würde. Auf seinem Bundeskongress im Mai 1975 in Hamburg präsentierte der DGB noch einmal der Öffentlichkeit seine Forderungen. Allerdings blieb nicht verborgen, dass es in der strategischen Ausrichtung zwischen den Einzelgewerkschaften nach wie vor Differenzen gab.[174] Besonders die

Vor allem soll verhindert werden, dass mit den leitenden Angestellten die Kapitalseite eine Mehrheit in den Aufsichtsräten erhalten würde.

IG Metall tat sich schwer, von ihrem weiterhin an den Maximalforderungen orientierten Kurs abzurücken, auch um den Preis, den Regierungsentwurf zu Fall, und damit überhaupt kein Gesetz zu Wege zu bringen.

Schützenhilfe für die laufenden Verhandlungen versprach sich der DGB von der Bundeskonferenz der Arbeitsgemeinschaft für Arbeitnehmerfragen (AfA) in der SPD, die Mitte Juni 1975 in Bremen tagte. Die AfA verabschiedete einen Antrag, der den Gewerkschaften den Rücken stärkte. Die AfA stellte sich hinter die Mitbestimmungsforderungen der Gewerkschaften und sprach sich mit Nachdruck gegen eine Sonderstellung der leitenden Angestellten aus, *„so daß in dieser Legislaturperiode eher*

*auf eine gesetzliche Regelung der Mitbestimmung verzichtet werden soll-
te*"[175], als ihnen ein Sondervorschlags- und Wahlrecht zuzugestehen.[176]
Diese Unterstützung kam aber ebenso zu spät wie der Versuch, über die
wissenschaftliche Tagung „Mitbestimmung – Wirtschaftsordnung –
Grundgesetz", die der DGB Anfang Oktober 1975 in Frankfurt durchführte,[177] die Verfassungskonformität der paritätischen Mitbestimmung
nachzuweisen; genau diese war ja bei der parlamentarischen Anhörung
im Dezember 1974 von der Mehrheit der Sachverständigen angezweifelt
oder bestritten worden. Die Klage darüber, dass sich die Bundesregierung
wohlmöglich stärker an juristischen Nomen ausrichte, als sich an gesellschaftspolitischen Maßstäben zu orientieren, und das Bundesverfassungsgericht dadurch in die Rolle des „Super-Gesetzgebers" dränge, blieb genauso folgen- und hilflos wie das Angebot an die BDA, an der Regierung
vorbei außerparlamentarischen Kompromissmöglichkeiten nachzugehen.[178]
Um ein letztes Zeichen gegen eine zunehmend verwässerte Mitbestimmungsregelung zu setzen, deren Konturen sich immer deutlicher abzeich-
neten, entschloss sich der DGB schließlich, am 8. November 1975 eine

Geteilter Meinung: Gewerkschaftschefs Heinz Kluncker, ÖTV, Eugen Loderer, IG Metall, neben DGB-Vorstand Maria Weber und H.-O. Vetter (von links)

Großkundgebung in Dortmund zu organisieren. Der Termin war bewusst gewählt worden, um Druck auf den Parteitag der SPD in Mannheim auszuüben, der nur drei Tage später stattfand. Bundeskanzler Helmut Schmidt durchkreuzte jedoch diese Absicht, indem er den DGB-Vorsitzenden am 16. Oktober in einem Brief, der just am Tage der Kundgebung über eine Zeitung verbreitet wurde, dafür zu gewinnen suchte, den Kompromiss zu akzeptieren, der politisch zwischen den Regierungsparteien ausgehandelt würde, wobei der Kanzler nicht zu erwähnen vergaß, dass seine Auffassung von den meisten Vorsitzenden der Einzelgewerkschaften geteilt würde.

Als Gewerkschafter wisse man doch, so der Kanzler in seinem Brief an Heinz-Oskar Vetter, *„daß wir auch bisher nie ein entscheidendes gewerkschaftspolitisches Ziel in einem einzigen oder auch nur in zwei Schritten erreicht haben"*. Und im Übrigen stünde nicht nur die Regierungskoalition auf dem Spiel, falls man sich dem Kompromiss verweigere, sondern auch die Chancen der SPD im Wahljahr 1976 würden sich massiv verschlechtern.[179] Ein lupenreines Mitbestimmungsgesetz mit einer lupenreinen Parität sei nur bei lupenreiner Mehrheit der SPD zu verwirklichen. Auf der Kundgebung in Dortmund, an der mehr als 45.000 gewerkschaftlich organisierte Arbeitnehmer teilnahmen, konnte sich schließlich der DGB noch einmal öffentlich zu den Grundsätzen der paritätischen Mitbestimmung bekennen und eine kämpferische Haltung einnehmen. Aber eine tatsächliche Wirkung auf den Gang der Entwicklung konnte von ihr nicht mehr ausgehen.

Überwältigende Mehrheit: Am 18. März 1976 stimmen 389 Abgeordnete von SPD, FDP und CDU für das „Gesetz über die Mitbestimmung der Arbeitnehmer". Es gibt nur 22 Gegenstimmen – vor allem aus dem CDU-Wirtschaftsrat.

1976: DAS GESETZ ÜBER DIE MITBESTIMMUNG DER ARBEITNEHMER

Parteiübergreifende Zustimmung im Bundestag
Unzufriedene Gewerkschafter und Arbeitgeberverbände
1979: Der Verfassung gemäß

Der Parteitag der SPD Mitte November 1975 in Mannheim billigte den Regierungskurs. Zwar beteuerte er in einem Antrag, *„für eine Verwirklichung der paritätischen Mitbestimmung"* einzutreten, um *„die alleinige Kapitalorientierung unternehmerischer Entscheidungen abzulösen durch die gleichberechtigte Einbeziehung von Arbeitnehmerinteressen in die Unternehmenspolitik"*[180], ließ der Bundestagsfraktion aber freie Hand. Auch wenn einige Delegierte wie der nordrhein-westfälische Arbeitsminister Friedhelm Farthmann oder der Stuttgarter Bezirksleiter der IG Metall, Franz Steinkühler, sich für eine kompromisslose Haltung aussprachen. Die überwiegende Mehrheit folgte dem Appell des SPD-Vorsitzenden. Willy Brandt bat eindringlich darum, dass der Parteitag, *„ohne eigene Positionen aufzugeben – den Freunden in der Bundestagsfraktion, die über das in dieser Phase Mögliche zu entscheiden haben werden, den Rücken stärkt."*[181]

Der DGB respektierte diese Entscheidung. Um jedem Verdacht zu begegnen, die Gewerkschaften beabsichtigte, das Parlament unter Druck zu setzen, um ihm seinen Willen aufzuzwingen, stellte der DGB von vornherein klar, dass er *„keinen Generalstreik ausrufen oder ähnliche spektakuläre Maßnahmen ergreifen"*[182] werde. Heinz-Oskar Vetter teilte dem Bundeskanzler Anfang Dezember in einem Brief lediglich mit, dass der Gesetzentwurf, der von der Koalition vorbereitet würde, nicht die Zustimmung des DGB fände.

Am 8. Dezember 1975 wurde der zwischen den Regierungsparteien ausgehandelte Gesetzentwurf bzw. Kompromiss der Öffentlichkeit vorgestellt.[183] Er sah Folgendes vor: Der Aufsichtsratsvorsitzende, der auf jeden Fall von den Anteilseignern gestellt werden sollte, erhält bei Stimmengleichheit eine Zweitstimme, um das Patt möglichst rasch aufzulösen. Die leitenden Angestellten, zu denen nur diejenigen zählen, die überwiegend unternehmerische Funktionen wahrnehmen, sollten einen Vertreter in den Aufsichtsrat entsenden können. Den sollten alle Angestellten gemeinsam wählen, das Vorschlagsrecht für den Kandidaten hat aber nur die Gruppe der leitenden Angestellten selbst. Die Wahl der unternehmensangehörigen Arbeitnehmervertreter durch Wahlmänner sollte nur noch auf Unternehmen mit mehr als 8000 Beschäftigten Anwendung finden, während für alle übrigen das Prinzip der Urwahl gelten sollte, es sei denn, die Arbeitnehmer hätten sich für ein anderes Verfahren entschieden.

Gesetzentwurf

Mitbestimmung nach dem 76er-Gesetz, siehe Grafik auf Seite 106

Einen Arbeitsdirektor wie in der Montanmitbestimmung, der vom besonderen Vertrauen der Arbeitnehmervertreter getragen wird, sollte es nicht geben.

Parteiübergreifende Zustimmung

Siehe Dokument „Bundestagsdebatte vom 18. März 1976" im
zweiten Band, Seite 121

All diesen Regelungen stimmte die FDP-Fraktion im Bundestag geschlossen zu, in der SPD-Fraktion gab es bei fünf Enthaltungen nur acht Gegenstimmen; auch die CDU empfahl ihrer Fraktion, diesen Entwurf zu billigen.[184] Damit war der Weg frei für ein von allen im Bundestag vertretenen Parteien gemeinsam getragenes Mitbestimmungsgesetz. Nach rasch durchgeführten Beratungen in den zuständigen Ausschüssen wurde bereits am 18. März 1976 abschließend über den Gesetzentwurf im Bundestag debattiert. Trotz seines Kompromisscharakters war der Entwurf nach Ansicht des SPD-Sprechers Olaf Sund *„ein entscheidender Schritt nach vorne"*, der *„unzweifelhaft jetzt wesentliche Fortschritte im Interesse der Arbeitnehmer"* bringe.[185] Die CDU rechnete sich als Verdienst an, dass der Regierungsentwurf vom Februar 1974 in entscheidenden Punkten korrigiert worden war; im vorliegenden Entwurf erkannte sie wesentliche Grundsätze wieder, wie sie der Hamburger Parteitag der CDU im November 1973 beschlossen hatte.

Norbert Blüm, der Vertreter der Sozialausschüsse, hielt den Gewerkschaften höhnisch vor, aus Nibelungentreue zur SPD von ihren eigenen

---

NORBERT BLÜM
GEB. AM 21. JULI 1935 IN RÜSSELSHEIM

Von 1949 bis 1957 arbeitete Norbert Blüm bei Opel, machte dort eine Lehre als Werkzeugmacher, trat der IG Metall bei und war in der Jugendvertretung tätig. Nach dem Besuch eines Abendgymnasiums holte er das Abitur nach, studierte – mit einem Stipendium der Stiftung Mitbestimmung – ab 1961 in Köln und Bonn und promovierte 1967 zum Dr. phil. Seit 1950 Mitglied der CDU, engagierte er sich in den Sozialausschüssen der christlich-demokratischen Arbeitnehmerschaft, arbeitete von 1966 bis 1969 als Redakteur der Zeitschrift „Soziale Ordnung" und wurde 1968 Hauptgeschäftsführer der Sozialausschüsse, bis er dieses Amt 1975 aufgab.

Von 1977 bis 1987 war Norbert Blüm Vorsitzender der Sozialausschüsse – als Nachfolger von Hans Katzer. Seit 1969 war der „Herz-Jesu-Marxist" Mitglied im Bundesvorstand seiner Partei, ab 1992 stellvertretender Bundesvorsitzender, bis er diese Ämter 2000 aufgab. Von 1987 bis 1999 war Norbert Blüm zugleich Landesvorsitzender der nordrhein-westfälischen CDU, scheiterte aber bei der Landtagswahl 1989 als Herausforderer von Ministerpräsident Johannes Rau. Dem Bundestag gehörte Blüm von 1972 bis 2002 mit einer kurzen Unterbrechung Anfang der 80er Jahre an. Während der gesamten Regierungszeit von Helmut Kohl von 1982 bis 1998 war Norbert Blüm Bundesminister für Arbeit und Sozialordnung.

Lange um den Kompromiss gerungen:
Kanzler und Arbeitsminister

Forderungen abgerückt zu sein: „*Wenn dieser Gesetzentwurf von uns kä-me, wären hier heute Protestprozessionen um das Bundesplenum gewall-fahrtet. Was ist heute? Ich sehe nichts vom DGB, es sei denn, er würde ge-heime Demonstrationen durchführen oder vielleicht Protest unter ‚Streng vertraulich' einlegen.*" Umgekehrt wurde von SPD-Abgeordneten der Opposition vorgehalten, nichts zum Zustandekommen des Mitbestim-mungsgesetzes beigetragen zu haben, weil sich ihre Flügel, nämlich Wirt-schaftsrat und Sozialausschüsse, intern überhaupt nicht auf einen gemein-samen Entwurf einigen konnten. Deshalb seien die „Drei-Mann-Anträge" im Ausschuss für Arbeit und Sozialordnung auch nicht wirklich ernst zu nehmen.

Der Gesetzentwurf wurde mit überwältigender Mehrheit angenom-men. Bei der namentlichen Abstimmung votierten 389 der insgesamt 412 Abgeordneten mit Ja und nur 22 mit Nein. Unter den Nein-Sagern wa-ren der SPD-Abgeordnete Norbert Gansel, dem das Mitbestimmungsge-setz nicht weit genug ging, und 21 Abgeordnete der CDU/CSU speziell vom Wirtschaftsrat, denen das Gesetz viel zu weit ging; ein CDU-Abge-ordneter enthielt sich der Stimme. Am 9. April passierte das Mitbestim-mungsgesetz den Bundesrat, am 8. Mai wurde es im Bundesgesetzblatt veröffentlicht, und am 1. Juli trat es in Kraft.

Drei-Mann-Anträge

So nannte man die Anträge der drei den Sozialausschüssen ange-hörenden Unionsabgeordneten, die sich eng am Modell der Montan-mitbestimmung orientierten.

Unzufriedene: Gewerkschaften und Arbeitgeberverbände

Die Gewerkschaften machten aus ihrer tiefen Enttäuschung keinen Hehl und werteten die Verabschiedung des Gesetzes als eine Niederlage für die Arbeitnehmer. Für Heinz-Oskar Vetter war es sogar die *„größte Enttäuschung seiner Amtszeit".*[186] Eine wirkliche Gleichberechtigung war nicht erreicht worden. Die Arbeitnehmerbank war in Arbeiter, Angestellte und leitende Angestellte aufgesplittert, der Arbeitsdirektor konnte auch gegen ihren Willen bestellt werden, der Aufsichtsrat war nicht paritätisch zusammengesetzt, und der Einfluss der Gewerkschaften war geschwächt worden.[187] Bei aller Kritik sahen die Gewerkschaften jedoch *„keine andere Möglichkeit, als das Gesetz voll, aber ohne Illusionen auszuschöpfen"*, so der DGB-Bundesvorstand.[188] Zugleich war dem DGB klar, dass die Auseinandersetzungen um die Mitbestimmung mit der Verabschiedung des Gesetzes keineswegs beendet waren, sondern sich in vielen kleineren oder größeren Konflikten fortsetzen würden.

Unmittelbar nach der Veröffentlichung des Mitbestimmungsgesetzes im Bundesgesetzblatt kündigten die Arbeitgeberverbände in einer Grundsatzerklärung ihres BDA-Arbeitskreises Mitbestimmung an, Verfassungsbeschwerde einzureichen.[189] Durch die Änderungen am ersten Regierungsentwurf von 1974, die nicht zuletzt auf ihr Betreiben hin vorgenommen worden waren, hatte die BDA erreicht, dass *„die Letztverantwor-*

18. 3.1976: SPD-Minister Walter Arendt berät sich mit CDU-Abgeordneten.

tung des Eigentums in einer marktwirtschaftlichen Ordnung zumindest grundsätzliche Anerkennung, wenn auch unzureichende Ausgestaltung gefunden hat".[190] Obwohl sich die BDA mit diesem an sich ungeliebten Gesetz alles in allem verhältnismäßig gut arrangieren konnte, waren nach ihrer Auffassung die Grundlagen einer freiheitlichen Wirtschaftsordnung nach wie vor gefährdet. Im Juli 1977 zogen daher neun Unternehmen und 29 Arbeitgebervereinigungen der Metallindustrie, der chemischen Industrie, des Bankgewerbes und der Versicherungswirtschaft vor das Bundesverfassungsgericht. Als Reaktion darauf kündigten die Gewerkschaften ihre Teilnahme an der Konzertierten Aktion auf; die Beziehung zwischen den Sozialpartnern war auf einem Tiefpunkt angelangt.

Der Verfassung gemäß

Das Urteil des Bundesverfassungsgerichts wurde am 1. März 1979 verkündet. Es wies die Beschwerde der Arbeitgeber zurück.[191] Mehr noch: Nach Überzeugung der Verfassungsrichter beinhalte das Grundgesetz *„keine unmittelbare Festlegung und Gewährleistung einer bestimmten Wirtschaftsordnung"*, sondern sei *„wirtschaftspolitisch neutral"*.[192] Die Ordnung des Wirtschaftslebens zu bestimmen sei Aufgabe des Gesetzgebers, *„der hierüber innerhalb der ihm durch das Grundgesetz gezogenen Grenzen frei zu entscheiden hat"*; mit dem Mitbestimmungsgesetz habe er

Für die kleinere Regierungspartei FDP begründet ihr wirtschaftspolitischer Sprecher Otto Graf Lambsdorff das Gesetz (rechts); links daneben Wirtschaftsminister Hans Friedrichs.

Am 1. März 1979 weist das Bundesverfassungsgericht die Beschwerde der Arbeitgeber gegen das Mitbestimmungsgesetz zurück.

sich durchaus an den ihm zustehenden Rechtsrahmen gehalten, zumal es *„unterhalb der Parität"* bleibe und den Anteilseignern *„ein leichtes Übergewicht"* belasse.

In seiner Begründung führte das Bundesverfassungsgericht aus, dass das Eigentum durch Artikel 14 des Grundgesetzes garantiert, aber zugleich an das *„Wohl der Allgemeinheit"* gebunden wird. Das umfasse nicht zuletzt *„das Gebot der Rücksichtnahme auf den Nichteigentümer, der seinerseits der Nutzung des Eigentumsobjekts zu seiner Freiheitssicherung und verantwortlichen Lebensgestaltung bedarf"*. Die Einschränkung der Rechte des Eigentümers durch die Sozialbindung des Eigentums gelte erst recht für die *„Anteilseigentümer"* großer Kapitalgesellschaften, also für Aktionäre, die – anders als die Unternehmer-Eigentümer – aufgrund gesellschaftsrechtlicher Regelungen sowieso nur mittelbar und begrenzt, nämlich über die Hauptversammlung, auf die Geschäftsführung des Unternehmens und den Aufsichtsrat einwirken können.

Das Bundesverfassungsgericht folgte damit der Argumentation des DGB, der schon 1966 in seiner Denkschrift „Mitbestimmung – eine Forderung unserer Zeit" zwischen Eigentumsrecht und Bestimmungsrecht unterschieden hatte, um die enorm gewachsene Bedeutung des Managements hervorzuheben, denn es bestimme in immer stärkerem Maße das gesamte Wirtschaftsleben, wobei der einzelne Aktionär ihm oft ebenso ohnmächtig ausgeliefert sei wie die Arbeitnehmer.

Auch die ungleiche Risikoverteilung zwischen den Aktionären und den Beschäftigten bewertete das Bundesverfassungsgericht im Grunde genauso wie der DGB. Der Passus bedeutet: Geschäftliche Notlagen eines Unternehmens treffen den Aktionär in der Regel nur am Geldbeutel, und nicht in seiner gesamten sozialen Existenz – ganz im Gegensatz zu den Beschäftigten, die ihren Arbeitsplatz und damit ihre Existenzgrundlage verlieren können. Insofern werden durch Entscheidungen des Managements elementare Grundrechte der Arbeitnehmer berührt, die nicht minder schützenswert sind als das Eigentumsrecht.

Im Gegensatz zu den Arbeitgeberverbänden, die sich vehement dagegen sträubten, „betriebsfremde" Gewerkschaftsvertreter im Aufsichtsrat zu akzeptieren, begrüßte das Bundesverfassungsgericht darüber hinaus ausdrücklich, dass neben unternehmensangehörigen auch externe Arbeitnehmervertreter entsandt werden können. Dadurch würden nicht nur *„besonders qualifizierte Vertreter"* in den Aufsichtsrat delegiert, sondern ihre Mitwirkung sei auch geeignet, *„einem bei erweiterter Mitbestimmung nicht ohne Grund erwarteten ‚Betriebsegoismus' entgegenzuwirken oder diesen doch zumindest abzumildern."* Indem sie sich für die langfristigen Arbeitnehmerinteressen einsetzten, trügen die externen Vertreter ebenfalls zum *„Wohl des Unternehmens"* bei.

Nach Ansicht des Bundesverfassungsgerichts bewegt sich der Gesetzgeber *„dann innerhalb der Grenzen zulässiger Inhalts- und Schrankenbestimmung, wenn die Mitbestimmung der Arbeitnehmer nicht dazu führt, daß über das im Unternehmen investierte Kapital gegen den Willen aller*

Dem Gesetz wurde damit die Verfassungsmäßigkeit attestiert, gleichzeitig aber weiter gehenden Gewerkschaftsforderungen nach voller Parität Grenzen gesetzt.

Anteilseigner entschieden werden kann; wenn diese nicht aufgrund der Mitbestimmung die Kontrolle über die Führungsauswahl im Unternehmen verlieren und wenn ihnen das Letztentscheidungsrecht belassen wird."

Dem Mitbestimmungsgesetz wurde damit höchstrichterlich die Verfassungsmäßigkeit attestiert. Gleichzeitig wurden aber weiter gehenden Mitbestimmungsforderungen, die auf die volle Parität von Arbeitnehmern und Arbeitgebern zielten, Grenzen gesetzt. Umso wichtiger war es für die Gewerkschaften, dass – wie es Heinz-Oskar Vetter bereits im Juni 1976 gefordert hatte – *„wir uns auf unsere eigene Kraft besinnen und unsere organisatorische Reserve ins Spiel bringen – den Ausbau und die Stärkung unserer betrieblichen Gewerkschaftsorganisation und die Tarifpolitik."*[193]

ANMERKUNGEN

1   KARL LAUSCHKE: **Hans Böckler, Band 2: Gewerkschaftlicher Neubeginn 1945–1951,** Essen 2005, S. 69 ff.

2   HORST THUM: **Mitbestimmung in der Montanindustrie. Der Mythos vom Sieg der Gewerkschaften,** Stuttgart 1982; KARL LAUSCHKE: **Hans Böckler,** S. 357 ff.

3   WERNER MÜLLER: **Die Gründung des DGB, der Kampf um die Mitbestimmung, programmatisches Scheitern und der Übergang zum gewerkschaftlichen Pragmatismus,** in: Hans-Otto Hemmer/Kurt Thomas Schmitz (Hrsg.), Geschichte der Gewerkschaften in der Bundesrepublik Deutschland. Von den Anfängen bis heute, Köln 1990, S. 123 ff.

4   GLORIA MÜLLER: **Strukturwandel und Arbeitnehmerrechte. Die wirtschaftliche Mitbestimmung in der Eisen- und Stahlindustrie 1945–1975,** Essen 1991

5   ULRICH BORSDORF: **„Die Belegschaft des Hüttenwerkes scheint geschlossen in den Betten zu liegen". Ein Streik für die Montanmitbestimmung,** in: Lutz Niethammer/Bodo Hombach/Tilman Fichter/Ulrich Borsdorf (Hrsg.), „Die Menschen machen ihre Geschichte nicht aus freien Stücken, aber sie machen sie selbst". Einladung zu einer Geschichte des Volkes in NRW, Berlin/Bonn 1984, S. 196–200

6   **Grundsatzprogramm des DGB,** in: Protokoll. Außerordentlicher Bundeskongreß des DGB. Düsseldorf. 21. und 22. November 1963, o. O. o. J., S. 452

7   BUNDESVORSTAND DES DGB (HRSG.): **Aktienrechtsreform und Mitbestimmung. Stellungnahmen und Vorschläge,** o. O. 1962

8   **Stellungnahme der BDA zum Grundsatzprogramm des DGB,** in: Jahresbericht der BDA, 1. Dezember 1962–30. November 1963, o. O. o. J., Anhang, S. 2 ff.

9   FRIEDHELM FARTHMANN: **Das neue Aktienrecht und seine Auswirkungen auf die Mitbestimmungspraxis,** in: WWI-Mitteilungen, 19. Jg., 1966, Heft 1, S. 1 ff.

10   **Aktienrechtsreform und Mitbestimmung,** S. 18 f.

11   WILLI MICHELS/WOLFGANG SPIEKER: **Die Aktienrechtsreform – ein Stückwerk,** in: Das Mitbestimmungsgespräch, 11. Jg., 1965, Heft 6, S. 104; WILHELM HAFERKAMP/KARL-HEINZ SOHN: **Bisherige Maßnahmen zur Ausweitung der Mitbestimmung entsprechend dem Auftrag des DGB-Grundsatzprogramms von 1963 und des Aktionsprogramms von 1965,** Düsseldorf, den 23. Juli 1965.

12   MÜLLER, **Gründung,** S. 110 ff.

13   HAFERKAMP/SOHN: **Bisherige Maßnahmen**

14   **Soziale Sicherheit – gesellschaftlicher Aufstieg durch Mitbestimmung,** in: Das Mitbestimmungsgespräch, 11. Jg., 1975, Heft 10, S. 175

15   **Industriekurier** vom 7. Oktober 1965

16   **Soziale Sicherheit,** S. 176.

17   **Jahresbericht der BDA,** 1. Dezember 1964–30. November 1965, o. O. o. J., S. 23 und S. 53 f.

18 Wirtschaftliche Mitbestimmung und freiheitliche Gesellschaft. Eine Stellungnahme des Arbeitskreises Mitbestimmung bei der Bundesvereinigung der Deutschen Arbeitgeberverbände zu den gewerkschaftlichen Forderungen, o.O., Oktober 1965

19 Jahresbericht der BDA, 1. Dezember 1967–30. November 1968, o.O. o.J., S. 50

20 VIGGO GRAF BLÜCHER: Integration und Mitbestimmung. Hauptergebnisse/ Tabellenauswahl und Methodennachweis einer Untersuchung des EMNID-Instituts für Sozialforschung, Sennestadt 1966

21 Jahresbericht der BDA, 1. Dezember 1965–30. November 1966, o.O. o.J., S. 16 f und S. 47–50

22 OTTO BLUME: Die Sozialforschung zum Thema der Mitbestimmung, in: Das Mitbestimmungsgespräch, 13. Jg., 1967, Heft 4/5, S. 66–71; KARL-HEINZ DIEKERSHOFF/GUNDOLF KLIEMT: Ideologische Funktionen demoskopischer Erhebungen. Kritische Bemerkungen zu einer Umfrage der EMNID-Institute, in: Kölner Zeitschrift für Soziologie und Sozialpsychologie, 20. Jg., 1968, Heft 1, S. 62–77

23 JOHANNES PLATZ: „Überlegt euch das mal ganz gut: Wir bestimmen mit. Schon das Wort allein". Kritische Theorie im Unternehmen: Entstehungsbedingungen und Wirkungen der Betriebsklimastudie des Frankfurter Instituts für Sozialforschung in den Werken der Mannesmann AG 1954/55, in: Jan-Otmar Hesse/Christian Kleinschmidt/Karl Lauschke (Hg.), Kulturalismus, Neue Institutionenökonomik oder Theorienvielfalt. Eine Zwischenbilanz der Unternehmensgeschichte, Essen 2002, S. 199–224

24 IRENE RAEHLMANN: Der Interessenstreit zwischen DGB und BDA um die Ausweitung der qualifizierten Mitbestimmung – Eine ideologiekritische Untersuchung, Köln 1975, S. 48 f.

25 Industriekurier vom 24. März 1966

26 Entschließung, in: Protokoll des 7. Ordentlichen Bundeskongresses des DGB, 9.–14. Mai 1966 in Berlin, o.O. o.J., Anhang, S. 130–134

27 LUDWIG ROSENBERG: Gewerkschaften im sozialen Rechtsstaat, in: ebd., S. 222

28 KOMMISSION AKTION MITBESTIMMUNG DES DGB: Mitbestimmung – eine Forderung unserer Zeit, o.O. 1966, S. 23; die folgenden Zitate sind aus S. 36, S. 37 und S. 24

29 KLAUS SCHÖNHOVEN: Wendejahre. Die Sozialdemokratie in der Zeit der Großen Koalition 1966–1969, Bonn 2004, S. 365 ff.

30 MÜLLER: Strukturwandel, S. 410

31 Jahresbericht der BDA, 1. Dezember 1966–30. November 1967, o.O. o.J., S. 46 f.

32 Ebd., S. 47

33 RAEHLMANN: Interessenstreit, S. 61

34 Protokoll der Verhandlungen des Parteitages der SPD vom 23. bis 27. November 1964 in Karlsruhe, Bonn 1964, S. 1022

35 Aus der Ansprache des SPD-Vorsitzenden Willy Brandt auf dem IG-Chemie-Kongreß, in: Das Mitbestimmungsgespräch, 12. Jg., 1966, Heft 10, S. 166

36 Protokoll der Verhandlungen des Parteitages der SPD vom 1. bis 5. Juni 1966 in Dortmund, Bonn 1966

37 Aus der Ansprache des SPD-Vorsitzenden Willy Brandt

38 RAEHLMANN: Interessenstreit, S. 62

39 FRIEDHELM FARTHMANN: Gegenwartsprobleme und Zukunftsaspekte der Mitbestimmung, in: Das Mitbestimmungsgespräch, 13. Jg., 1967, Heft 4/5, S. 65

40 RAEHLMANN: Interessenstreit, S. 66

41 SCHÖNHOVEN: Wendejahre, S. 368 f.

42 Ebd., S. 137 ff. und S. 339 ff.

43 Zit. nach RAEHLMANN: Interessenstreit, S. 70 und S. 67; das folgende Zitat ist aus S. 76

44 Sitzung des DGB-Bundesvorstands am 2. November 1967, DGB-Archiv, 5/DGAI 535; daraus auch die folgenden Zitate

45 Sitzung des DGB-Bundesvorstands am 6. Februar 1968, ebd.; daraus auch das folgende Zitat

46 Die Mitbestimmungskundgebung im Spiegel der Presse, in: Das Mitbestimmungsgespräch, 14. Jg., 1968, Heft 4, S. 62

47 LUDWIG ROSENBERG: Mitbestimmung – eine Forderung unserer Zeit, in: ebd., S. 65; daraus auch das folgende Zitat

48 Entwurf eines Gesetzes über die Mitbestimmung der Arbeitnehmer in Großunternehmen und Großkonzernen (Mitbestimmungsgesetz) einschließlich Begründung, in: ebd., S. 72–80

49 Sozialdemokratische Perspektiven im Übergang zu den siebziger Jahren, in: Protokoll der Verhandlungen des Parteitages der SPD vom 17. bis 21. März 1968 in Nürnberg, Bonn 1968, S. 1021–1058, hier S. 1050; die folgenden Zitate sind aus S. 234 bzw. S. 438

50 CDU-Sozialausschüsse diskutieren eigene Mitbestimmungskonzeption. Vorschläge für eine neue Unternehmensverfassung, in: Das Mitbestimmungsgespräch, 14. Jg., 1968, Heft 5/6, S. 90–94

51 Parteitag der CDU zur Mitbestimmung, in: ebd., Heft 11, S. 190

52 Mitbestimmung: Tür zur Macht, in: Der Spiegel, Nr. 44/1968, S. 46 ff., hier S. 50 sowie: Lust zu leben, in: ebd., Nr. 46/1968, S. 34

53 Die verschiedenen Pläne zur Ausweitung der Mitbestimmung in Betrieb und Unternehmen. Vergleichende Darstellung und Kommentierung, in: Das Mitbestimmungsgespräch, 15. Jg., 1969, Heft 3/4, S. 39–43

54 CHRISTIAN KLEINSCHMIDT: Das „1968" der Manager: Fremdwahrnehmung und Selbstreflexion einer sozialen Elite in den 1960er Jahren, in: Hesse u.a., Kulturalismus, S. 19–31

55 BUNDESVEREINIGUNG DER DEUTSCHEN ARBEITGEBERVERBÄNDE
(HRSG.): Freiheitliche soziale Ordnung – heute und morgen, Köln Oktober 1968

56 Jahresbericht der BDA, 1. Dezember 1967–30. November 1968, o.O. o.J., S. 20

57 Jahresbericht der BDA, 1. Dezember 1968–30. November 1969, o.O. o.J., S. 15

58 Unternehmer blasen zum Sammeln, in: Das Mitbestimmungsgespräch, 14. Jg., 1968,
Heft 9, S. 154

59 Jahresbericht der BDA, 1. Dezember 1967–30. November 1968, S. 50

60 AKTIONSGEMEINSCHAFT SICHERHEIT DURCH FORTSCHRITT (HRSG.):
Mündige brauchen keinen Vormund. Siebenmal Mitbestimmung. Fragen, Argumente, Antworten, o.O. 1968

61 Zit. nach RAEHLMANN: Interessenstreit, S. 84

62 SCHÖNHOVEN: Wendejahre, S. 374

63 VORSTAND DER SPD (HRSG.): Gesetzentwürfe über die Unternehmensverfassung in Großunternehmen und Konzernen, die Betriebsverfassung, die Sicherung der
Montanmitbestimmung, die Begrenzung der Aufsichtsratsvergütung, die Personal-
vertretung, im Deutschen Bundestag von der SPD-Fraktion am 18. Dezember 1968
eingebracht, Bonn 1968

64 Rede von Helmut Schmidt, in: Verhandlungen des Deutschen Bundestages.
5. Wahlperiode. Sitzung vom 22. Januar 1969

65 Jahresbericht der BDA, 1. Dezember 1968–30. November 1969, S. 46

66 Rede von Rainer Barzel, in: Verhandlungen des Deutschen Bundestages.
5. Wahlperiode. Sitzung vom 22. Januar 1969

67 SCHÖNHOVEN: Wendejahre, S. 214 ff. und S. 290 ff.

68 Ebd., S. 558 ff.

69 HELLA KASTENDIEK: Arbeitnehmer in der SPD. Herausbildung und Funktion
der Arbeitsgemeinschaft für Arbeitnehmerfragen (AfA), Berlin 1978, S. 43 ff.

70 Zit. nach SCHÖNHOVEN: Wendejahre, S. 572

71 Zit. nach RAEHLMANN: Interessenstreit, S. 81

72 Jahresbericht der BDA, 1. Dezember 1968–30. November 1969, S. 13;
zum Folgenden vgl. S. 46 ff.

73 Protokoll der Sitzung des DGB-Bundesvorstandes vom 5. November 1968,
DGB-Archiv, 5/DGAI 535

74 Aktion des DGB zur Forderung nach Mitbestimmung, o.O. 1969; Aktion des DGB
zur Popularisierung der Mitbestimmung, o.O. 1970

75 KARL-HEINZ DIEKERSHOFF: Einstellung der Arbeitnehmer zur erweiterten
Mitbestimmung. Eine Panelbefragung zur Mitbestimmungsaktion '68 des Deutschen
Gewerkschaftsbundes, Köln, Mai 1969

76 Jahresbericht der BDA, 1. Dezember 1968–30. November 1969, S. 14

77 FRITZ VILMAR: Mitbestimmung am Arbeitsplatz. Basis demokratischer Betriebspolitik, Neuwied 1971

78 Jahresbericht der BDA, 1. Dezember 1967–30. November 1968, S. 20

79 KLAUS KEMPTER: Eugen Loderer und die IG Metall. Biographie eines Gewerk-schafters, Filderstadt 2003, S. 257 ff.

80 GERHARD LEMINSKY: Mitbestimmung am Arbeitsplatz, im Betrieb und im Unternehmen, in: Das Mitbestimmungsgespräch, 15. Jg., 1969, Heft 10, S. 163–170

81 KEMPTER: Loderer, S. 233 ff.

82 MICHAEL SCHUMANN/FRANK GERLACH/ALBERT GSCHLÖSSL/PETRA MILHOFER: Am Beispiel der Septemberstreiks – Anfang der Rekonstruktionsperi-ode der Arbeiterklasse? Eine empirische Untersuchung, Frankfurt/Main 1973

83 RAEHLMANN: Interessenstreit, S. 89 f.

84 EBERHARD SCHMIDT: Ordnungsfaktor oder Gegenmacht. Die politische Rolle der Gewerkschaften, Frankfurt/Main 1971

85 Ders., Die Auseinandersetzungen um die Rolle der Vertrauensleute in der IG Metall, in: Otto Jacobi/Walther Müller-Jentsch/Eberhard Schmidt (Hg.): Gewerkschaften und Klassenkampf. Kritisches Jahrbuch 1974, Frankfurt/Main 1974, S. 130–145

86 Zit. nach RAEHLMANN: Interessenstreit, S. 90

87 SCHÖNHOVEN: Wendejahre, S. 678 ff.

88 Regierungserklärung des Bundeskanzlers Willy Brandt am 28. Oktober 1969, in: Susanne Miller/Heinrich Potthoff: Kleine Geschichte der SPD. Darstellung und Dokumentation 1848–1990, 7. Aufl., Bonn 1991, S. 421 und S. 428

89 RAEHLMANN: Interessenstreit, S. 87

90 „Mitbestimmung ist kein Hindernis". Spiegel-Interview mit dem FDP-Vorsitzenden Walter Scheel, in: Der Spiegel, Nr. 39/1969, S. 32

91 Mitbestimmung im Unternehmen. Bericht der Sachverständigenkommission zur Auswertung der bisherigen Erfahrungen bei der Mitbestimmung (Mitbestimmungs-kommission), Bochum, im Januar 1970, Bundestags-Drucksache VI/334

92 Ebd., Teil III, Ziffer 49, S. 47, Ziffer 39, S. 43 und Ziffer 49, S. 46

93 Ebd., Teil V, Ziffer 1, S. 96

94 Ebd., Teil V, Ziffer 43, S. 114

95 Ebd., Teil IV, Ziffer 3, S. 57; die beiden folgenden Zitate sind aus Ziffer 32, S. 69

96 Ebd., Teil IV, Ziffer 25, S. 67; das folgende Zitat ist aus Ziffer 26, S. 67

97 Jahresbericht der BDA, 1. Dezember 1969–30. November 1970, o. O. o. J., S. 50

98 Zit. nach RAEHLMANN: Interessenstreit, S. 105; vgl. auch Jahresbericht der BDA, 1. Dezember 1970–30. November 1971, o. O. o. J., S. 53–56

99 HEINZ-OSKAR VETTER: Der Mitbestimmungsbericht. Analyse, Kritik, Forderun-gen, in: Das Mitbestimmungsgespräch, 16. Jg., 1970, Heft 4, S. 77

100 DGB-Bundesausschuß nimmt zum Biedenkopf-Gutachten Stellung, in: ebd., 16. Jg., 1970, Heft 3, S. 50; daraus auch das folgende Zitat

101 VETTER: Mitbestimmungsbericht, S. 79

102 DGB-Bundesausschuß nimmt Stellung

103 Zit. nach: **SPD-Parteitag 1970,** in: ebd., Heft 5/6, S. 100

104 **Aussprache zwischen Vorstand der SPD-Bundestagsfraktion und DGB-Bundesvorstand,** in: ebd., Heft 7, S. 112

105 A R E N D T: **Mitbestimmung ist für die SPD paritätische Mitbestimmung,** in: ebd., Heft 11, S. 207

106 **SPD-Parteitag 1970**

107 G E R H A R D W E I ß: **Die ÖTV. Politik und gesellschaftspolitische Konzeptionen der Gewerkschaft ÖTV von 1966 bis 1976,** Marburg 1978, S. 386 ff.

108 **Jahresbericht der BDA,** 1. Dezember 1969 – 30. November 1970, S. 53

109 L O T H A R N E U M A N N: **Die Tauglichkeit des Mitbestimmungsberichts zur politischen Entscheidungshilfe,** in: Gewerkschaftliche Monatshefte, 21. Jg., 1970, Heft 9, S. 536–541, hier S. 541

110 K U R T B I E D E N K O P F: **Mitbestimmung im kommunalen Bereich,** in: ders., Mitbestimmung. Beiträge zur ordnungspolitischen Diskussion, Köln 1972, S. 180–210

111 **Jahresbericht der BDA,** 1. Dezember 1970 – 30. November 1971, S. 16

112 M Ü L L E R: **Strukturwandel,** S. 418 ff.

113 **Jahresbericht der BDA,** 1. Dezember 1970 – 30. November 1971, S. 16

114 Ebd., S. 15; zum Folgenden vgl. S. 57

115 **Die Wiederentdeckung des sozialen Liberalismus,** in: Das Mitbestimmungsgespräch, 17. Jg., 1971, Heft 11, S. 227 f.

116 Zit. nach R A E H L M A N N: **Interessenstreit,** S. 112 f.

117 U L R I C H B R I E F S: **Ideologie und Realität des „Faktors Disposition" – Zum Problem der „leitenden Angestellten",** in: Diskurs. Bremer Beiträge zu Wissenschaft und Gesellschaft, Heft 5, August 1982, S. 103–117 sowie U L R I C H B A M B E R G U.A.: **Aber ob die Karten voll ausgereizt sind … 10 Jahre Mitbestimmungsgesetz 1976 in der Bilanz,** Köln 1987, S. 112 ff.

118 M A N F R E D G Ö R T E M A K E R: **Geschichte der Bundesrepublik Deutschland. Von der Gründung bis zur Gegenwart,** München 1999, S. 550 ff.

119 Zit. nach R A E H L M A N N: **Interessenstreit,** S. 111

120 **DGB zur Bundestagswahl,** in: Das Mitbestimmungsgespräch, 18. Jg., 1972, Heft 10, S. 190 und S. 207

121 Zit. nach M I C H A E L S C H R Ö D E R: **Verbände und Mitbestimmung. Die Einflußnahme der beteiligten Verbände auf die Entstehung des Mitbestimmungsgesetzes von 1976. Eine Fallstudie,** Phil. Diss., München 1983, S. 88

122 **Jahresbericht der BDA,** 1. Dezember 1970 – 30. November 1971, S. 8

123 R A E H L M A N N: **Interessenstreit,** S. 110 f; daraus auch das folgende Zitat

124 **Jahresbericht der BDA,** 1. Dezember 1971 – 30. November 1972, S. 60

125 **CDU-Mitbestimmung: noch hinter Biedenkopf zurück,** in: Das Mitbestimmungsgespräch, 17. Jg., 1971, Heft 1, S. 2

126 **Jahresbericht der BDA,** 1. Dezember 1970 – 30. November 1971, S. 56

127 Jahresbericht der BDA, 1. Dezember 1971 – 30. November 1972, S. 60

128 Zit. nach CARSTEN WARLICH: **Die Entstehung des Mitbestimmungsgesetzes 1976,** Pfaffenweiler 1985, S. 37

129 DGB weist Anwürfe Riemers scharf zurück, in: Das Mitbestimmungsgespräch, 18. Jg., 1972, Heft 12, S. 230

130 **Sitzung des DGB-Bundesvorstandes am 5. Dezember 1972,** DGB-Archiv, 5/DGAI 537

131 **Klausurtagung des DGB-Bundesvorstandes am 9. Dezember 1972,** ebd.

132 SCHRÖDER: **Verbände,** S. 97 ff.

133 WALTER NICKEL: **Mitbestimmung – Arbeiter – Gewerkschaft,** in: Das Mitbestimmungsgespräch, 19. Jg., 1973, Heft 10–12, S. 198–201

134 REDAKTIONSKOLLEKTIV „EXPRESS" (HRSG.): **Spontane Streiks 1973. Krise der Gewerkschaftspolitik,** Offenbach 1974

135 **Klausurtagung des DGB-Bundesvorstandes vom 1. bis 3. Oktober 1973,** DGB-Archiv, 5/DGAI 537

136 DGB-BUNDESVORSTAND (HRSG.): **Geschäftsbericht 1972–1974,** Düsseldorf o. J., S. 17

137 NORBERT TRAUTWEIN: **Projekt „Mitbestimmung und politische Bildung",** in: Gewerkschaftliche Monatshefte, 24. Jg., 1973, Heft 10, S. 655–659

138 Zit. nach SCHRÖDER: **Verbände,** S. 105

139 Jahresbericht der BDA, 1. Dezember 1972 – 30. November 1973, o.O. o.J., S. 180; die Zitate im folgenden Absatz sind aus S. 181–183

140 **Die Nagelprobe,** in: Der Spiegel, Nr. 46/1973, S. 32 ff.

141 Jahresbericht der BDA, 1. Dezember 1972 – 30. November 1973, S. 185

142 ERHARD KASSLER: **Die verschiedenen Pläne zur Ausweitung der Mitbestimmung im Unternehmen,** in: Das Mitbestimmungsgespräch, 19. Jg., 1973, Heft 10–12, S. 153 f.

143 Zit. nach SCHRÖDER: **Verbände,** S. 103

144 FRIEDHELM FARTHMANN: **Die Situation der Mitbestimmung nach der Bundestagswahl,** in: ebd., 18. Jg., 1972, Heft 12, S. 231

145 SCHRÖDER: **Verbände,** S. 108 ff. und S. 121 ff.

146 Jahresbericht der BDA, 1. Dezember 1973 – 30. November 1974, o.O. o.J., S. 160; die folgenden Zitate sind den S. 156–162 entnommen

147 **Fragwürdige Methoden,** in: Der Spiegel, Nr. 14/1974, S. 83

148 Jahresbericht der BDA, 1. Dezember 1973 – 30. November 1974, S. 157

149 WEIß: **ÖTV,** S. 171–181

150 FORSCHERGRUPPE „METALLERSTREIK": **Streik und Arbeiterbewußtsein. Eine sozialwissenschaftliche Untersuchung des Metallerstreiks im Unterwesergebiet,** Frankfurt/Main 1979

151 GÖRTEMAKER: **Geschichte,** S. 573 ff.

152 **Schwerwiegende Mängel,** in: Das Mitbestimmungsgespräch, 20. Jg., 1974, Heft 1, S. 2

153 **Außerordentliche Sitzung des DGB-Bundesvorstandes am 29. Januar 1974,** DGB-Archiv, 5/DGAI 537

154 SCHRÖDER: **Verbände,** S. 136–141

155 **DGB-Nachrichtendienst,** Nr. 27/74 vom 31. Januar 1974

156 Ebd., Nr. 38/74 vom 18. Februar 1974

157 GERD LEMINSKY: **Der Mitbestimmungsvorschlag der Koalition,** in: Gewerkschaftliche Monatshefte, 25. Jg., 1974, Heft 3, S. 137

158 **Jetzt hat die FDP überreizt!,** in: Das Mitbestimmungsgespräch, 20. Jg., 1974, Heft 3, S. 42

159 **DGB-Nachrichtendienst,** Nr. 49/74 vom 6. März 1974

160 SCHRÖDER: **Verbände,** S. 163 ff.

161 HEINZ-OSKAR VETTER: **Mitbestimmungspolitik und Mitbestimmungspraxis im gewerkschaftlichen Selbstverständnis,** in: Das Mitbestimmungsgespräch, 20. Jg., 1974, Heft 4, S. 63; das folgende Zitat ist aus S. 64

162 HEINZ-OSKAR VETTER: **Rede auf der Mitbestimmungskundgebung des DGB am 7. Mai 1974 in Essen,** DGB-Archiv, 5/DGCS 39

163 **Wie wichtig ist Mitbestimmung?,** in: Das Mitbestimmungsgespräch, 20. Jg., 1974, Heft 4, S. 67 f. und **Große Mehrheit für die Mitbestimmung,** in: ebd., Heft 11, S. 206

164 Deutscher Bundestag, 7. Wahlperiode, 110. Sitzung vom 20. Juni 1974, S. 7467 C/D

165 **Klausurtagung des DGB-Bundesvorstandes am 30. September und 1. Oktober 1974,** DGB-Archiv, 5/DGAI 537

166 SCHRÖDER: **Verbände,** S. 183 f.

167 **Jahresbericht der BDA,** 1. Dezember 1974–30. November 1975, o.O. o.J., S. 145

168 **Verfassungsrechtliche Angriffe gegen die Mitbestimmung,** in: Das Mitbestimmungsgespräch, 20. Jg., 1974, Heft 11, S. 216–219

169 WOLFGANG DÄUBLER: **Das Arbeitsrecht. Von der Kinderarbeit zur Betriebsverfassung. Ein Leitfaden für Arbeitnehmer,** Reinbek 1976, S. 304 ff.

170 **Jahresbericht der BDA,** 1. Dezember 1974–30. November 1975, S. 145; daraus auch das folgende Zitat

171 **Mitbestimmung. Kein Gewerkschaftsstaat!,** in: Der Arbeitgeber, 27. Jg., 1975, Heft 4, S. 113–116

172 **Schreiben der Abteilung Gesellschaftspolitik im DGB-Bundesvorstand vom 23. Januar 1975,** DGB-Archiv, 5/DGCS 39

173 **Klausurtagung des DGB-Bundesvorstandes am 4. und 5. Februar 1975,** DGB-Archiv, 5/DGAI 537

174 SCHRÖDER: **Verbände,** S. 224 f.

175 Zit. nach ERHARD KAßLER: **Stationen zu einem ungeliebten Gesetz. Dokumentation und Information,** in: Das Mitbestimmungsgespräch, 22. Jg., 1976, Heft 1, S. 9

176 **Eine harte Nuß aus Bremen für die Genossen in Bonn,** in: Süddeutsche Zeitung vom 16. Juni 1975, S. 11

177 Vgl. das Schwerpunktheft der Zeitschrift Das Mitbestimmungsgespräch, 21. Jg., 1975, Heft 9/10

178 SCHRÖDER: **Verbände**, S. 229 ff.

179 KAßLER: **Stationen**, S. 10

180 **Protokoll des SPD-Parteitags vom 11. bis 15. November 1975 in Mannheim,** Bonn 1975, S. 1028

181 Zit. nach KAßLER: **Stationen**, S. 10

182 **Die Gewerkschaften spielen nicht verrückt,** in: Welt der Arbeit vom 21. November 1975

183 KAßLER: **Stationen**, S. 13 f.

184 SCHRÖDER: **Verbände**, S. 247; zum Weiteren vgl. S. 248–265

185 Deutscher Bundestag, 7. Wahlperiode, 230. Sitzung vom 18. März 1976, S. 16002 D und S. 15999 A; zum Folgenden siehe S. 16014 A-B und S. 16000 C-16001 D

186 Zit. nach SCHRÖDER: **Verbände**, S. 273

187 HEINZ-OSKAR VETTER; **Gewerkschaften und Mitbestimmung,** in: Das Mitbestimmungsgespräch, 22. Jg., 1976, Heft 5-7, S. 84–88

188 DGB-BUNDESVORSTAND (HRSG.): **Geschäftsbericht 1975–1977,** Düsseldorf o.J., S. 31

LITERATUR

BAMBERG, ULRICH U.A.: **Aber ob die Karten voll ausgereizt sind … 10 Jahre Mitbestimmungsgesetz 1976 in der Bilanz,** Köln 1987

BEYME, KLAUS VON: **Gewerkschaftliche Politik in der Wirtschaftskrise I – 1973 bis 1978,** in: Hans-Otto Hemmer, Kurt Thomas Schmitz (Hrsg.), Geschichte der Gewerkschaften in der Bundesrepublik Deutschland. Von den Anfängen bis heute, Köln 1990, S. 339–374

BIEDENKOPF, KURT H.: **Mitbestimmung. Beiträge zur ordnungspolitischen Diskussion,** Köln 1972

BLÜCHER, VIGGO GRAF: **Integration und Mitbestimmung. Hauptergebnisse/Tabellenauswahl und Methodennachweis einer Untersuchung des EMNID-Instituts für Sozialforschung,** Sennestadt 1966

BORSDORF, ULRICH: **„Die Belegschaft des Hüttenwerkes scheint geschlossen in den Betten zu liegen". Ein Streik für die Montanmitbestimmung,** in: Lutz Niethammer, Bodo Hombach, Tilman Fichter, Ulrich Borsdorf (Hrsg.), „Die Menschen machen ihre Geschichte nicht aus freien Stücken, aber sie machen sie selbst". Einladung zu einer Geschichte des Volkes in NRW, Berlin/Bonn 1984, S. 196–200

BRIEFS, ULRICH: **Ideologie und Realität des „Faktors Disposition" – Zum Problem der „leitenden Angestellten",** in: Diskurs. Bremer Beiträge zu Wissenschaft und Gesellschaft, Heft 5, August 1982, S. 103–117

BRINKMANN-HERZ, DOROTHEA: **Die Unternehmensmitbestimmung in der BRD – Der lange Weg einer Reformidee,** Köln 1975

BROCK, ADOLF/WULF, FRANZ: **Zum Urteil des Bundesverfassungsgerichts über das Mitbestimmungsgesetz von 1976 – Eine Dokumentation,** in: Diskurs. Bremer Beiträge zu Wissenschaft und Gesellschaft, Heft 5, August 1982, S. 140–152

DÄUBLER, WOLFGANG: **Das Arbeitsrecht. Von der Kinderarbeit zur Betriebsverfassung. Ein Leitfaden für Arbeitnehmer,** Reinbek 1976

DEPPE, FRANK U.A.: **Kritik der Mitbestimmung. Partnerschaft oder Klassenkampf?,** Frankfurt/Main 1970

DER BUNDESMINISTER FÜR ARBEIT UND SOZIALORDNUNG (HRSG.): **Mitbestimmung,** Bonn 1979

DIEKERSHOFF, KARL-HEINZ/KLIEMT, GUNDOLF: **Ideologische Funktionen demoskopischer Erhebungen. Kritische Bemerkungen zu einer Umfrage der EMNID-Institute,** in: Kölner Zeitschrift für Soziologie und Sozialpsychologie, 20. Jg., 1968, Heft 1, S. 62–77

FORSCHERGRUPPE „METALLERSTREIK": **Streik und Arbeiterbewußtsein. Eine sozialwissenschaftliche Untersuchung des Metallerstreiks im Unterwesergebiet,** Frankfurt/Main 1979

GÖRTEMAKER, MANFRED: **Geschichte der Bundesrepublik Deutschland. Von der Gründung bis zur Gegenwart,** München 1999

HOFFMANN, REINHARD: **Von der Montanmitbestimmung 1951 zum Mitbestimmungsgesetz 1976,** in: Diskurs. Bremer Beiträge zu Wissenschaft und Gesellschaft, Heft 5, August 1982, S. 12–34

KASTENDIEK, HELLA: **Arbeitnehmer in der SPD. Herausbildung und Funktion der Arbeitsgemeinschaft für Arbeitnehmerfragen (AfA),** Berlin 1978

KEMPTER, KLAUS: **Eugen Loderer und die IG Metall. Biographie eines Gewerkschafters,** Filderstadt 2003

KIßLER, LEO: **Die Mitbestimmung in der Bundesrepublik Deutschland. Modell und Wirklichkeit,** Marburg 1992

KLEINSCHMIDT, CHRISTIAN: **Das „1968" der Manager: Fremdwahrnehmung und Selbstreflexion einer sozialen Elite in den 1960er Jahren,** in: Jan-Otmar Hesse, Christian Kleinschmidt, Karl Lauschke (Hrsg.), Kulturalismus, Neue Institutionenökonomik oder Theorienvielfalt. Eine Zwischenbilanz der Unternehmensgeschichte, Essen 2002, S. 19–31

KLÖNNE, ARNO/REESE, HARTMUT: **Zeiten des Umbruchs – die Gewerkschaften unter der Großen Koalition,** in: Hans-Otto Hemmer, Kurt Thomas Schmitz (Hrsg.), Geschichte der Gewerkschaften in der Bundesrepublik Deutschland. Von den Anfängen bis heute, Köln 1990, S. 249–279

LAUSCHKE, KARL: **Hans Böckler, Band 2: Gewerkschaftlicher Neubeginn 1945–1951,** Essen 2005

LOMPE, KLAUS: **Gewerkschaftliche Politik in der Phase gesellschaftlicher Reformen und der außenpolitischen Neuorientierung der Bundesrepublik – 1969 bis 1974,** in: Hans-Otto Hemmer, Kurt Thomas Schmitz (Hrsg.), Geschichte der Gewerkschaften in der Bundesrepublik Deutschland. Von den Anfängen bis heute, Köln 1990, S. 281–338

MARTENS, HELMUT: **Unternehmensmitbestimmung und gewerkschaftliche Reformstrategien. Entwicklungschancen eines unfertigen Modells,** Frankfurt a. M./New York 1988

MILLER, SUSANNE/POTTHOFF, HEINRICH: **Kleine Geschichte der SPD. Darstellung und Dokumentation 1848–1990,** 7. Aufl., Bonn 1991

MÜCKENBERGER, ULRICH: **Mitbestimmung und „Funktionsfähigkeit" der Unternehmen – Zum Mitbestimmungs-Urteil des Bundesverfassungsgerichts vom 1. März 1979,** in: Diskurs. Bremer Beiträge zu Wissenschaft und Gesellschaft, Heft 5, August 1982, S. 153–172

MÜLLER, GLORIA: **Strukturwandel und Arbeitnehmerrechte. Die wirtschaftliche Mitbestimmung in der Eisen- und Stahlindustrie 1945–1975,** Essen 1991

MÜLLER, WERNER: **Die Gründung des DGB, der Kampf um die Mitbestimmung, programmatisches Scheitern und der Übergang zum gewerkschaftlichen Pragmatismus,** in: Hans-Otto Hemmer, Kurt Thomas Schmitz (Hrsg.), Geschichte der Gewerkschaften in der Bundesrepublik Deutschland. Von den Anfängen bis heute, Köln 1990, S. 85–147

OHM, WOLFGANG: **Die Mitbestimmung 1976 im Interessenstreit zwischen Kapital und Arbeit,** in: Ruhr-Universität Bochum, Industriegewerkschaft Metall (Hrsg.), Ringvorlesung 1979/80. Zum Verhältnis von Mitbestimmung in Theorie und Praxis, Frankfurt/Main 1980, S. 72–78

PLATZ, JOHANNES: **„Überlegt euch das mal ganz gut: Wir bestimmen mit. Schon das Wort allein". Kritische Theorie im Unternehmen: Entstehungsbedingungen und Wirkungen der Betriebsklimastudie des Frankfurter Instituts für Sozialforschung in den Werken der Mannesmann AG 1954/55,** in: Jan-Otmar Hesse, Christian Kleinschmidt, Karl Lauschke (Hrsg.), Kulturalismus, Neue Institutionenökonomik oder Theorienvielfalt. Eine Zwischenbilanz der Unternehmensgeschichte, Essen 2002, S. 199–224

RAEHLMANN, IRENE: **Der Interessenstreit zwischen DGB und BDA um die Ausweitung der qualifizierten Mitbestimmung – Eine ideologiekritische Untersuchung,** Köln 1975

REDAKTIONSKOLLEKTIV „EXPRESS" (HRSG.): **Spontane Streiks 1973. Krise der Gewerkschaftspolitik,** Offenbach 1974

SCHMIDT, EBERHARD: **Ordnungsfaktor oder Gegenmacht. Die politische Rolle der Gewerkschaften,** Frankfurt/Main 1971

SCHMIDT, EBERHARD: **Die Auseinandersetzungen um die Rolle der Vertrauensleute in der IG Metall,** in: Otto Jacobi, Walther Müller-Jentsch, Eberhard Schmidt (Hrsg.), Gewerkschaften und Klassenkampf. Kritisches Jahrbuch 1974, Frankfurt/Main 1974

SCHÖNHOVEN, KLAUS: **Wendejahre. Die Sozialdemokratie in der Zeit der Großen Koalition 1966–1969,** Bonn 2004

SCHRÖDER, MICHAEL: **Verbände und Mitbestimmung. Die Einflußnahme der beteiligten Verbände auf die Entstehung des Mitbestimmungsgesetzes von 1976. Eine Fallstudie,** Phil. Diss., München 1983

SCHUMANN, MICHAEL/GERLACH, FRANK/GSCHLÖSSL, ALBERT/MILHOFER, PETRA: **Am Beispiel der Septemberstreiks – Anfang der Rekonstruktionsperiode der Arbeiterklasse? Eine empirische Untersuchung,** Frankfurt/Main 1973

SPIEKER, WOLFGANG: **Die Mitbestimmung 1976 im Interessenstreit zwischen Kapital und Arbeit,** in: Ruhr-Universität Bochum, Industriegewerkschaft Metall (Hrsg.), Ringvorlesung 1979/80. Zum Verhältnis von Mitbestimmung in Theorie und Praxis, Frankfurt/Main 1980, S. 60–71

THUM, HORST: **Mitbestimmung in der Montanindustrie. Der Mythos vom Sieg der Gewerkschaften,** Stuttgart 1982

DERS.: **Wirtschaftsdemokratie und Mitbestimmung. Von den Anfängen 1916 bis zum Mitbestimmungsgesetz 1976,** Köln 1991

VILMAR, FRITZ: **Mitbestimmung am Arbeitsplatz. Basis demokratischer Betriebspolitik,** Neuwied 1971

WARLICH, CARSTEN: **Die Entstehung des Mitbestimmungsgesetzes 1976,** Pfaffenweiler 1985

WEIß, GERHARD: **Die ÖTV. Politik und gesellschaftspolitische Konzeptionen der Gewerkschaft ÖTV von 1966 bis1976,** Marburg 1978

KRÄFTEVERHÄLTNISSE IN AUFSICHTSRÄTEN

Montanmitbestimmung

nach dem MontanMitbestGesetz von 1951

▮ Anteilseigner-
vertreter

▮ Betriebliche
Arbeitnehmervertreter

▮ Sitze mit gewerkschaftlichem
Vorschlagsrecht

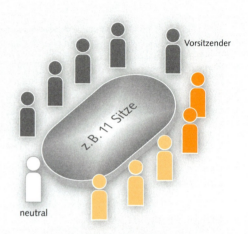

- Paritätisch besetzt auf Anteilseigner- und
  Arbeitnehmerseite plus einem Neutralen
- Gilt im Bergbau, Eisen- und Stahlindustrie bei
  mehr als 1000 Beschäftigten
- Der Aufsichtsrat hat 11, 15 oder 21 Mitglieder;
  2 bis 4 Aufsichtsräte werden von den Gewerkschaften entsandt.*

* Seit 1981 ist das Entsenderecht weggefallen; seitdem werden
  auch die Gewerkschaftsvertreter beim Montanmodell von den
  Betriebsräten gewählt.

Drittelbeteiligungs-Modell

nach dem Betriebsverfassungsgesetz von 1952

▮ Anteilseigner-
vertreter

▮ Betriebliche
Arbeitnehmervertreter

▮ Sitze mit gewerkschaftlichem
Vorschlagsrecht

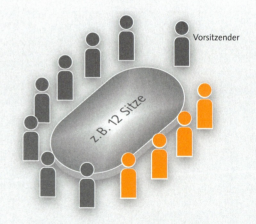

- Galt bis 1976 für alle Unternehmen außerhalb
  der Montanmitbestimmung; gilt seit 1976 für
  alle Unternehmen zwischen 500 und 2000
  Beschäftigten
- Im Aufsichtsrat sind ein Drittel Arbeitnehmervertreter.
- Den Gewerkschaftsvertretern sind ausdrücklich
  keine Sitze vorbehalten, in der Praxis sind hier
  fast ausschließlich betriebliche Arbeitnehmervertreter zu finden.

Mitbestimmung nach dem 76er-Gesetz

Gesetz über die Mitbestimmung der Arbeitnehmer; trat am 1. Juli 1976 in Kraft

Anteilseigner-
vertreter

Betriebliche
Arbeitnehmervertreter

Sitze mit gewerkschaftlichem
Vorschlagsrecht

- Gilt für Großunternehmen ab 2000 Beschäftigten
- Trotz gleicher Anzahl an Sitzen strukturelle Unterparität der Arbeitnehmerseite
- Der Vorsitzende, der stets von der Kapitalseite kommt, hat eine Doppelstimme. Der stellvertretende Aufsichtsratsvorsitzende ist ein Arbeitnehmervertreter; beide müssen mit Zweidrittelmehrheit vom AR gewählt werden.
- Ein Mitglied der leitenden Angestellten hat einen Sitz (zählt zur Arbeitnehmerbank).
- Anzahl der Aufsichtsräte: 12 bis 20
- Die Gewerkschaften haben ein Vorschlagsrecht für 2 bis 3 Aufsichtsratssitze; die Gewerkschaftskandidaten müssen sich genauso der Wahl stellen wie die betrieblichen Vertreter.
- Wahlrecht: Es gilt die Urwahl, und ab 8000 Beschäftigten gibt es eine Delegiertenwahl.

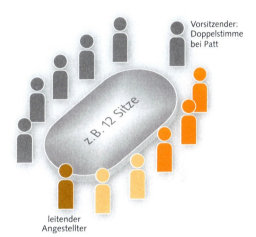

Vorsitzender:
Doppelstimme
bei Patt

z.B. 12 Sitze

leitender
Angestellter

Mehr Demokratie in der Wirtschaft
Die Entstehungsgeschichte des
Mitbestimmungsgesetzes von 1976

Dokumente
zusammengestellt von Karl Lauschke

140 Seiten, 2006
Hrsg. von der Hans-Böckler-Stiftung
ISBN 3-86593-043-3
Bestellnummer: 30291
€ 19,90

Bezugsquelle:
Setzkasten GmbH
Fax: 02 11 - 408 009 040
E-Mail: mail@setzkasten.de

VERZEICHNIS DER DOKUMENTE